警魂

柳耀华诗选

至上的警徽

柳耀华　著

群众出版社

走进博大的藏蓝

单慧敏

“我不呻吟/不等于没有疼/我不倒下/不等于还有力气”、“每一粒警扣/都是程序的编排/每一道缝口/都要严谨而无缝”……当这样的诗句跳进视野中心时，我仿佛置身大漠深处，一群雕塑般的中国西部警察在眼前浮现出来。

当新疆维吾尔自治区公安厅柳耀华同志将一沓手写的行楷诗集《至上的警徽》作为我们再相逢的“礼物”时，我的心为之一热。

在这本诗集里，我看到了曾经感动中国的西部民警赵新民，看到了中国反恐英雄西部民警努而泰……字里行间跃动着警察职业规则所展示的文明，跃动着法制秩序所展现的职业警察精神。

诗集所承载的文字是一种介质。在柳耀华同志的一百余首诗中，无论是寻常巷陌的社区民警，还是风尘仆仆的刑警队长，他都能用抒情的语言将各个警种民警的喜怒哀乐加以诗意地表达,处处呈现警察工作和生活的“现在进行时”。从某种意义上说,他的诗不是“写”或“作”出来的,不是书页上一行行精心排版的华丽文字,而是用诗这一载体为警察这一刚性职业增添了许多令人可以亲近的元素。他在诗中甚至还写到了那些迷失了自己、浪费了青春的“浪子”,但在关键时刻警察“点燃道义的火把”,照亮了这些失落中不知方向、仍旧徘徊迷茫的青年,彰显了警察珍贵的人文情怀。我们无意拔高文字的境界,如他所言,这是“灵魂选择忠诚/使命攥紧作为……”

柳耀华同志从警三十余年，从昔日基层的民警成长为共和国占国土面积六分之一的公安厅长，始终践行着扬善惩恶、一直促进着民族和谐、一直创设着警营和谐……当他那双握枪的大手提笔挥毫之时，西部警察乃至中国警察的风采随即浮现在读者面前。在文学体裁中,他偏爱诗歌,因为诗歌最敏锐、最快捷,最适合担当公安文学急先锋的角色;他期待着通过诗歌打造警察形象、传递警察精神、凝聚警民力量、尽情构建和谐社会。他的这种追求不正是我们所倡导的公安“大宣传”意识的具体体现吗?

随手翻到《罚款》,诗中写道:“心中的情/在危险的颤抖中平衡/手中的笔/在隐患的理解中掂量……撕一张罚单/心也很疼……不是不讲人情/只是规矩的警告……”这是诗,但这更是一名交通警察在执法中的心灵独白,在执法规范化中情法汇聚后的理性认知。

再在《相约警务室》《网上110》《节气里的警影》等几十首诗中,我们读到的仿佛不是诗歌,而是原汁原味的公安文化。公安文化是什么?公安文化就是警力,就是战斗力。看了上述诗歌,我仿佛看到了内聚警心、外善形象的源泉通道和警民和谐的时代风尚。

难能可贵的是,他在《多读书、读好书》一诗中写道:“藏着做人的道理/藏着做事的智慧/一层一层/一波一波/学问的尽头虽不能及/却不能远离。”这使我想起2009年5月13日,中共中央政治局常委、国家副主席习近平在中央党校2009年春季学期第二批进修班暨专题研讨班开学典礼上的讲话《领导干部要爱读书、读好书、善读书》中讲到:“事有所成,必是学有所成;学有所成,必是读有所得。”柳耀华同志在《多读书、读好书》中接着写道:“把薄的看厚/把厚的看薄/渊博的书痴/也会感慨自己的浅薄。”

在这百首诗集中,柳耀华同志用泪笔写下《藏蓝的魂魄》,对用汗水、鲜血甚至生命披星戴月地守护着“平安边疆”的战友们予以深情的歌颂。在他的笔下,流淌的并不是高、大、全的警察,有的是朴实的战友情、儿女情。

优秀的警察诗歌会永远荡涤在人们的心坎上，因为它是担当、它是道义、它是关怀、它是力量。

布罗茨基在《哀泣的缪斯》中说："在历史发展的某些阶段，唯有诗歌可以应付现实，它将现实浓缩为可以触摸、心灵可以感受的某种东西。"在柳耀华同志的诗歌中，无论是古体诗、还是散文诗，我看到了布罗茨基预言的影子，为什么？因为其蕴涵的内心情感决不是警察职业的任意发挥，而是从现实生活的体验中一点一滴得来的。

作家孙犁曾说："在创作中，不能吝啬情感。情感付出越多，收回来的就越大。"我想，没有丰富的情感是不会产生优美的警营诗篇的。进入诗歌的情感必须以真善美为核心，作为诗人，也要在真善美的表达中"给人以力量，给人以希望，给人以美好的感受"。

力量和希望是什么？在柳耀华同志的诗歌中，我找到了警察的回答：那就是对社会责任的担当。这是他的诗集中最令人欣慰的地方。我们的社会每天都在进步，有很多的成就，但相当一部分诗人，对此视而不见，甚至主动地把自己与火热的社会隔绝，在小圈子里浅吟低唱、自我陶醉。这样下笔写出来的诗，缺乏社会现实意义也就不足为奇了。

借用温家宝总理所作的诗《仰望星空》中的一句话：

我仰望星空，它是那样庄严而圣洁；那凛然的正义，让我充满热爱、感到敬畏。

凛然的正气是这本诗集的风骨和核心价值，正如柳耀华同志在诗中写道：我披一身春的颜色，把深沉的爱，融进博大的藏蓝。

是为序。

2009年6月于北京

（作者系公安部政治部宣传局局长）

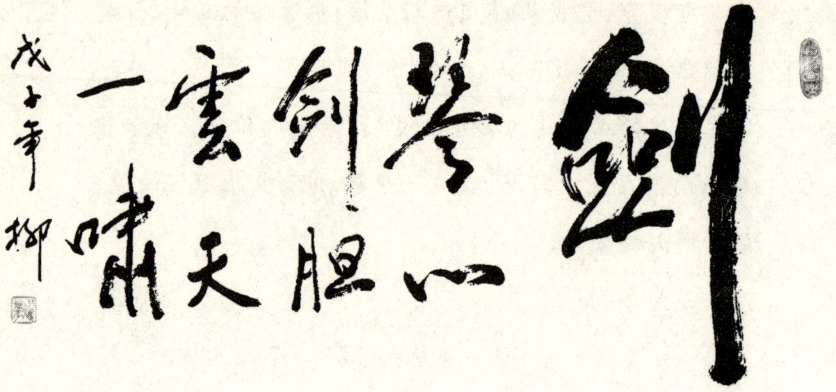
剑
琴心剑胆
云天一啸
戊子年 柳

目 录

警察铭

权不求大，除暴是能
声不在响，安良则灵
斯是警察，服务为本
正义凝心头，公平握手中
谈笑有百姓，奋斗无胆怯
团队重精神，讲品性
无作为之乱耳，有实事之劳心
一生正步走，岁月铸忠诚
众人曰：执法为民

情爱，同风雨兼程

人民警察，吸引眼球的职业。迎风送雨的平凡工作，多有艰辛；酸甜苦辣的日常生活，饱含深爱。

——题记

周涛批注

《情爱，同风雨兼程》气足够、势足够。

人物的特写、环境的布景以及切入角度、表达方式的变换，构成了一部当代警察的交响诗。此诗已有基础，可望成就一首好的长诗。现今这种题材的诗歌尚少，尤其是长诗，可能是独秀。

心的罗盘

看《英雄无悔》
泪的激动
圈定了今生追求的梦寐
一生的志向
理想的指针
在心的罗盘上转动
开始学习职业的眼神
探辨为人处世的是非

骄阳蒸腾着倔犟的汗水
操练的口令,常常喊干嘴
格斗的踢腾,总是碰破腿
毅力,修补能力
执著,历练本领
当鲜红的印章

盖上“毕业”二字
心头涌起了第一次醉

忠诚垫起事业的支点
喜怒哀乐的征程上
有了红黄黑白的选择
好恶爱憎的生活中
懂了赤橙黄绿的人生

阳光告诉我们：
时代花园里，勿在花香里颓废
选择了，就没有后悔
雨水告诉我们：
泼洒春绿，勿惧山洪漫水
是朵云，就要融入雾里飘飞
云裹雨，也承载苦累
是滴水，就有穿石意志
竞发的风帆里
不容无为的泪
春风告诉我们：
情系大地，勿拒沙尘扬灰
春来了，寒冬自会怯退
长在地上，就要有肩扛重任的
力量

蓬在空中,就要有抵挡风雨的思维
秋果告诉我们:
一粒种子,应有破土的作为
每片红叶,都是成熟的完美

眼里虽有红丝
却没有困惑
警灯只要亮起
黑暗的恐惧就被撕碎
盾牌只要举起
亮剑的战果累累
如牛负重的责任
——如履薄冰
兑现庄重的承诺

有酸楚,有饥饿
不能有失落
披星戴月的困乏
有牢骚,有苦累
从来没有怨悔
只要有战斗,我就快活

护法,人民的重托
办案,我们的生活
灵魂选择忠诚

使命攥紧作为
精神立在团队
意志决不后退
我选择越来越凝重的呼吸
——承接老根的血脉
吮吸人民的奶水

绿色的橄榄枝
守卫金色的麦穗
蔚蓝的天空
放射五星的光辉
眼里没有泪
只把绿雨收藏
每次征战的目标
都是鞠躬尽瘁

铁石儿郎,都有温柔心肠
襟怀坦荡,都是热血腾沸
路有多长,就耐多少辛劳
即使訇然倒下
也是意志和钢铁的对播
挥洒的汗,浇灌心中的信仰
喷吐的血,染红牵挂的朝晖

沈苇批注

此诗朗朗上口,铿锵有力,很适合朗诵,语言也很考究。

誓言无声

“出发！”
火急的命令
电话果断下达

又来不及
吃完泡好馕的奶茶
又来不及
告诉等门的妈妈
忘记带上
妻子念叨的药盒
匆匆收好
技术室的试验架

把饥饿扔给疲劳

让懒惰吞噬困乏
奔赴危难的呼唤
奔赴求救的喑哑
拎起勘察箱
顶着风,迎着沙
拉响警笛
急步开拔!

巡逻、侦查
办案、执法
负重的责任
承诺不变的意志
忙碌的使命
披挂不卸的盔甲
肩扛的忠诚
不讨价,不怕压!

共和国之盾
哪一个都能独斗
长城铸的剑
哪一把都可以单打
在事业的铁砧上锻打
在纪律的熔炉里脱渣

个个舍身忘己
人人正直挺拔
锻造在一个共同的元素里
——为正义而战
沸腾着一个永恒的动力
——保安居乐业

战斗的路
朝夕数不尽,很忙
春秋走不完,很长
国徽下的誓言
注入血液奔腾无声
自由和散漫
早已抛在后方
时髦和猎奇
仅在梦里品尝

藏蓝的警装
撑起大山的脊梁
裹着瀚海的胸膛
银色的警星
熠熠闪光
齿轮、麦穗、五星
——指方向

盾牌、长城、天安门
——定立场
勇敢和智慧
搏杀魑魅魍魉
血性和品格
把双眸拭亮

我是火焰里的
一束蓝光
狼烟升起一次
我就诞生一次
滚动正义的风火轮
——除暴安良
我是山林的一溪清流
寒潮袭扰一次
我就搏击一次
涌动融冰的暖流
——挥洒春光

我是绿洲的一棵白杨
打结识了沙枣红柳
我就确定了我的位置
站在风沙和绿洲之间

在善与恶的角力里
挺举卫士之矛
拼斗牛鬼蛇神
在情与法的较量上
举起威严之盾
维护人间正道

雷厉风行的血性呵
是血与火汇聚的风
是苦和累浇淋的雨
风蚀雨浸的血迹和汗渍
是我们咸涩的泪

拼接记忆

月光,打碎了你的影子
一点点,一点点
拼接我的记忆
穿越浅睡和深困的极地
晃动梦

潜狩杂树林
野狼的绿萤点燃丛莽
有毒的火,直扑瑟缩的夜
你腾空跃起
枪,吐出爆炸的火舌
怒吼压住狼嗥
殷红的血,渗入土地

绽开英雄之花

兄弟,你不要倒下
倒下的是起伏的山峦
坚强的身躯撑着天
兄弟,你不要松手
攥紧我的情爱
攥紧我的思念
山不动容,悲谷无风
水不呜咽,滞水无声
我不流泪,因为我心痛

月光,拼接着你无力的微笑
还是那种憨态
社区调查走访的谈笑那样
月光,拼接着你宁静的苍白
还是那么劳累
交通岗台下来时那样
月光,拼接着你最后的语音
别忘了,常去看看
里弄深处的孤寡大妈
别忘了,常去帮帮
医院里毒瘾发作的娃娃
眼角的泪

反射着银色的月光
凝结不会冷却的爱

按住吧,按住我
悲愤的心跳
从心里抽出热泪
舔着口水拼接爱、拼接情
你睡着了,还是一朵火焰
金光闪闪,像凤凰涅磐
守着岁月的爱情
守着人间的黑暗
虽然有过伤,有过疼
都是燃烧的痕迹
——让邪恶惊恐逃窜
没有叹息,没有悲伤
只有祖国和人民
留于心间

此刻,你身边的树
更加肃穆的高
此刻,你脚下的路
延伸更深沉的蓝
你顶天立地

抱臂在胸如抱着天空
血,点燃了警灯
讨还正道的责任
滚动在碾轧邪恶的车轮上
只有悲愤的蓝影红光
像哭湿了的火柴头
怎么也擦不出火花
风揪着痛苦的饮泣
抽搐剑和盾的悲壮

战友未尽的情
涂染火烧云的辉煌
绽放的鲜血之花
把生命升腾为晨光
把遗容定格为绝唱
警灯正开凿光明
一道心光照射的路
舒展你的誓言
生的英武,死的伟大!

爱的道歉

半夜，转动门锁的手
有点怕！
脚步轻轻，怕惊醒
刚吃药睡着的妈妈
轻轻擦拭，怕弄疼
女儿企盼爸爸的泪花
妻子烫人的洗脚水
熨不平血迹斑斑的警装
泛起酸甜苦辣……

我懂爱，和别人一样
喜欢花前月下
虽然，很少和你去公园溜达

但记得出发前给你个电话
我有心,我的情
总在梦里送你鲜花
却做客于你的饭菜
任你咀嚼担惊受怕

情爱,总是风雨兼程
总记得别人的小事
自己的时间却无暇
你可知道,你等待
煤气罐负重的肩
正担着冰雪的灾害
我从没嫌弃过你的絮叨
我的背影,始终向你站的方向
支着等你停靠的肩胛

笑容
遗传妈妈的眼神
尽孝的心
走在千山万水
也是游子追求的承诺
是你的乳汁
滋养了我忠诚的情结
哺育了我灵魂的无私

只要我的脉搏跳动
我就选择忠守
——香自苦寒的腊梅
只要我一息尚存
我就奋斗不已
——磨砺宝剑光华
我的爱,是苦涩的劫难
我的情,是血色的奇葩

云爱大地
会变成雨落下来
我爱亲人
“道歉”两个字
常常叩击心扉
道歉我不曾忘记的遗忘
遗忘,都是问号
为什么我的小家
不能被大爱覆盖?
道歉,我的挚爱
是一滴,又一滴
内疚的汉子尊严
是一粒,又一粒

煎熬的儿女奉献
是一次，又一次
公与私的情感搏杀
挥舞的剑
砍杀恨，留下爱
削弃悔，剩下情
生，如鹰击长空
死，似流星一闪
绚丽夺目，迷人浪漫
剑，即使折断也是剑
盾，即使扑倒也是盾
集博爱于一身
对亲人的情
风风雨雨痴心不变
对事业执著
岁岁年年信念永远

矢志不渝

岁月,沿着太阳运转的路线
奔走在时间的指针上
江河,站在群山横断的围栏
放开喉咙朝海洋欢唱
青山,苦苦死守爱情的承诺
日月星辰下四季相望
护法的使者,诚信的战士
因为有恒心、放胆量
才敢于正视血刃汗浸的理想
因为有智慧、重操守
才重于播种望春护秋的信仰
勇敢天下无敌
情感谁能衡量!

我们懂得
忠孝是做人的脊梁
只有用生命去捍卫
才能不辜负母亲的教养
我们知道
生命可贵,爱情价高
这句话不能只挂嘴上
要织进灵魂的经纬
沟通人们的思想

心灵的熔炉里
早已融化了私利
血管的激流里
早已冲走了牢骚
每一张面孔
都是蕴涵深爱的湖
风暴在内,风景在外
不能厮守亲情的愧疚
移在脸上
总是阵阵鸟语的欢笑
总是股股血汗淋洒的花香
痛苦深埋在绿色的山林
欢乐播撒着田野的希望
甜蜜与苦涩的泪水

糅进党旗的皱褶
迎风高高飘扬

事业,人生跋涉的险峰
只要世上还有
行凶的犯罪
虚伪的诈骗
残忍的游戏
就会留下我们执著沉重的足迹
勇敢攀登,站在日观峰顶
握紧牺牲战友的手
信念穿越相通
在理想的层楼上怆然泪下
粉碎黑暗的光明
正迎来八面来风

人的一生呵
何其短,又何其长!
成长,转动奋斗不息的车轮
成熟,与夕阳共尝丰收秋果
在布满波折的生活里
抑住泪水的滂沱
扬起信仰之帆

划动道义之桨
不回望,不彷徨
直奔理想彼岸
说古今呵,岁月重叠难忘
接触的都是百姓平凡事
絮叨的都是人间儿女情
唱风流呵,心事交错情痴
感受到不朽的民族魂魄,
看千里长河波涛汹涌,
渐行渐远的是
曾经的寂寞……

至上的警徽

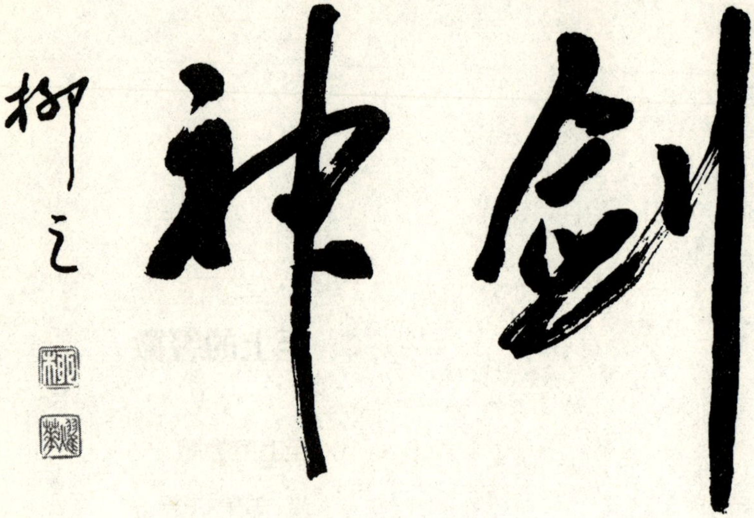
神剑
柳之

至上的警徽

崇敬父辈执法的身影
警徽，儿时就魂牵梦萦
阳光一般迷恋
站在传承的生命线上
一道最瘦的风景

理想开拔的脚步
什么时候走进银色的宝殿？
执掌事业的命运之神
什么时候向我
开启光辉的大门？

爱,总是执著

热爱,必有所得
执著,总能事成

当我拥有了一枚警徽
就注定了一份责任
每抚摸一次
就增长一份勇气

当我拥有了一个警号
就闪耀使命的光荣
披上这正义的时尚
每骄傲一下,就完美一小会儿

警徽的美,像山脉

包容着河川

警徽的微笑,是白云

巍峨、旷远、坦荡

恬淡、温柔、理性

汇聚成春雨

银光,反射太阳的情感

钻进体内,就蒸腾灵魂

烧灼有毒的风、病态的云

如细雨,滋润心中的沃土

脚下有一种萌芽的声音

信 念

道德,生活的轨道
约束我们至善至美
从不相信
没有廉耻的理论
可以解释罪错
省略号似的一天天
苦中作乐

法律,行动的准则
指引我们判定是非
即使血糊住眼
也挡不住无畏的勇敢
大爱与大恨的格斗
撕破时间,常常让日子

给日子打补丁

坚定而执著地前行
有多长的路
就有多壮的惜别
用力,凝聚美
凝聚爱、凝聚理想
擎起闪亮的警徽
习惯于在它的光亮里
走进生活

飞翔的姿态

严,是爱必须做的事
常有奉献和牺牲
光明越旺,黑暗离我们越远
这是工作的经典
同邪恶游戏着
生与死的游戏

我不呻吟,不等于没有疼
我不倒下,不等于还有力气
从不在酒色财气的颓废里
停止步伐
人生始终要清醒

血,是唯一的阳光

阳光是一种心境
让我走进晨风
以初恋的眼神注目
找到一种飞翔的姿态
心源有火,肉体不燃自焚
转体腾空,前展双臂

厚重的生命分外绿
像蓝的天,绿的草
有山的沧桑
大山是一种呼唤
让我借天使的羽翼上升
融进心中高远的蓝天
在明亮的地方闪光
在阴影的部分飘烟

心 刃

斗争和荣誉一起成长
不论谈到大,还是说到小
我们想到最多的是
祛邪扶正的豪气
两全难为的忠孝

内心的刀,有时比水柔软
有时锋利如风,披霜的命运
握着任务铸成的兵戈
在万里戈壁的荒寂里
守着绿洲的寂寞

呐 喊

警徽，生活的支点
将不能忘却的记忆铭刻心中
身上的银质越磨越亮
心里的责任越积越重

查缉不完的罪恶，留给枪
职守捍卫的旗帜，留给风
飘动的旗帜
省略了走向胜利的路
闪亮的星星
照耀着太阳忽略的地方
以海纳的亢奋
解说万古的箴言

每一起案件都纠结于心
在执法的生活里积压
在为民的奋斗里踉跄
不为呻吟,只为呐喊
死有何难
只需一声呜咽
便泪下如雨

忙碌

忙碌像一只工蜂走家串户
劳作服务的琐事
响彻耳畔的呼救
钟为谁鸣
什么样的声音值得留下?

冲锋的号令
绝不强忍于心
怒吼的风
默默地向黑暗深处滑行
飘浮在枯草尖上
响应着大气的呼唤

艰辛疲乏,自觉自愿

勇敢公正,服务为先

碌碌无为的苟活

被思想照亮

懒惰骄矜的作态

被灵魂唾弃

春天的信仰刻在根上

被河流滋润

用情便是慈悲

懂 得

降生何方
雨雪无法选择
却从不失本色
裹着秋霜
阳光放射温馨
必不让风的薄刃
无情地摧残绿的温暖
冬日迎着风雪出击
熠熠闪光的雪花开得疼
却绝不瑟缩

一粒种子
经历着生与死

落与起

才明白了情和爱

难和易

似一片云

一个梦

使命沉

迸发的光芒更重

当刺破五光十色的诱惑的瞬间

霎时懂得了悲与喜

惜与憾

命 运

英雄只属于过去
邪恶必不会横行太久
不信恩将仇报的卜卦
却痛心物极必反的极端
因为良知可以唤醒迷惘

工作依旧忙碌
日子同样颠簸
生活不断重复
办案还是辛苦
言及命运时
仍愿意把酸甜苦辣尝够
再奢谈生活的丰富

厌倦,并不因为熟悉

牢骚,只是思念的孤寂

爱好,并不因为亲近

执著,总是倾心的热闹

在披满银光的夜晚

洁白消冻

却比雪晃眼

寂寞

搏杀犯罪的疼痛
少有人解
破案的大喜
常常被酒灌醉
最深刻的心情
来自醉酒后的醒酒
每次艰辛
独自承受重压的寂寞
最美的梦
是战斗后重生的激昂

闪电划破天幕
那是我奋力扬起的牧鞭

冒雨前行

总是盯着远方走不完的路

布满血丝的瞳孔

在劳累中品尝胜利的喜悦

在清醒中感悟

尚未到境的心情

誓 言

银色的光芒
躺在月夜的沙滩里
像喝醉了酒
散发一种热流升腾的温柔
默默在累累伤痕的记忆中
掂着历史的重量

想安宁却不能安宁的日子
愿意用呼吸的风
吹动林莽深处战斗的气息
愿意让筋骨舔着血痕
冒险找出藏匿草丛的恐惧

国家至上,警徽的责任至上
执法至上,服务和捍卫至上
树高千丈,忘不了蓝天高远至上
经历再多的沧桑,犹不及
岁月的忧患至上

银质的警徽
洒满阳光的眷恋
演绎无私的付出
大爱将眼眸点亮
心中的波澜
在奋斗的坐标上
铸就忠诚意志的誓言

藏蓝的魂魄

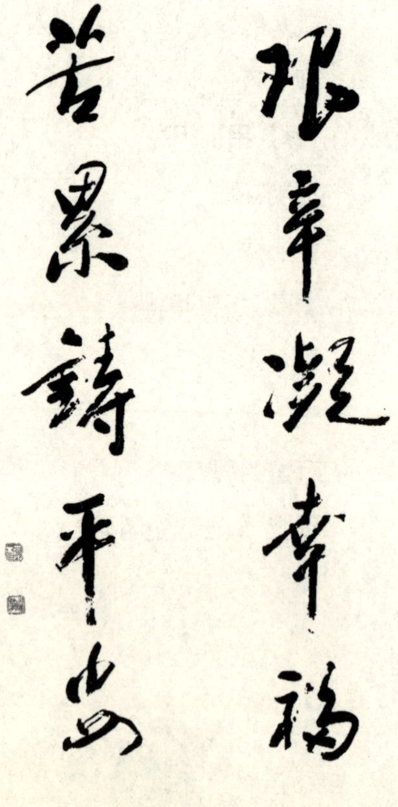
艰辛凝幸福
苦累铸平安

藏蓝的魂魄

忙碌的时候
也喜欢闭目凝思
灵魂倾听着远方的呼唤
战斗的硝烟
缭绕着刻骨铭心的记忆
坚强博大的血流
藏蓝,闪烁着冷峻的光芒
拧紧时间的钟
大步向前走去
一双沧桑的眼
注视填满的承诺
只希望超重的戎装
能在阔别的亲情面前
卸下来
轻松一下

藏蓝的警服

深深的蓝，聚起我炽热的蓝色魂魄，用一生去寻找深深的海洋。

——题记

为追求正直
喜欢上笔挺的警服
灵魂重塑伟岸身躯
桅杆扬起远征的帆

藏蓝,饱含风霜的颜色
浸润理想的血红
融会信念的兰香
把海的博大
织在经纬里

冷峻的情感,爱恨交织
一种从容的怆然
包裹着刚毅与坚韧
正义的聪睿
斗争的顽强
荣誉的高尚
一起浸染

信念,嵌在不变的忠诚里
因为爱太深,太执著
所以蕴藏蓝色
包容理解
躺下是海
立起则是桅杆

闪电般表情
雷霆般举止
一种天成的秉性
坦荡直面天地
藏蓝的颜色
和我的感情有关

藏蓝:美丽被污染

也是藏蓝,不是仿造
也有符号,不是假冒
远看像警察,帽徽晃眼的光
是一种形象思维的模仿
藏蓝被污染,公信被强暴

铜臭握在手也是香
有权,才会有钱
没有藏蓝
其他的颜色都会暗淡
藏蓝有威,一望就震颤
哪怕它锈迹斑斑

真亦假来,假亦真

相互乔扮,难分辨
出发点都是为利益
冠冕的理由是发展
强行的异味
含破坏的成分
心中的委屈
没商量

假的神气,真的窝气
争吵的焦点在颜色上
不法的道理,聚在强词里
执法的旗帜岂容伪装
面具制造者的良心在哪里
秩序——
在崇拜权力的执行者面前
叹息

此刻的心境,是近视
还是犯神经?
我没有理由去颂扬
也没有权力去指责
深深迷惘世间的游戏

藏蓝的信念

藏蓝,用坚强去寻找
不是因为流行
也不是想孤傲天下

蓝色英气
在宽容和博大中振翅
一张开,便随阳光驶入母港
每一粒警扣,都是程序的编排
每一节符号,都是战斗的序列
每一道缝口,都要严谨无缝
每一缕细节,都要节奏周到

缝制的工序
饱含着信念的眷恋

铺开来是一幅精致无瑕的风景
只知良善的报恩
不信邪恶的横行
不会在战栗中升起迷惘
不会在犹疑中跳动烦躁

让平安的念想深扎地下
让理想的美好融进蓝天
敢爱敢恨的情怀
如蓝色浪花,击打海岸
絮絮叨叨的笑
那是忙里闲处我的陶醉

呼 吸

骤响的 119 电话铃
传出“要——要——救”
急促的心率
呼啸的警笛
催动警灯
火红的呼吸

火魔翻滚，呼吸沉沉
火神狞笑，烟波重重
一分一秒
吸尽消防栓的水
荡涤精神
追踪魂魄
呼出倾盆的雨

呼吸的节奏
指挥心跳
鼓动涅磐的力量
呼吸的深度
蓄养韵律
打通危难的通道
吐故纳新的颤音
唱响生命之歌

信念和职责启动呼吸
使命燃烧的信念
在死亡的绝望里
抢救生的希望
让别人战胜死神
哪怕自己被死神夺走

哪里有呼吸,哪里就有生活
战斗的岁月里
没有宁静的日子
伴随着酸甜苦辣
吐纳着喜怒哀乐
出警,呼吸的韵律
曲调悲壮

警灯,星夜闪亮

红光闪,蓝光探
茫茫夜色
黑暗被撕开
追寻日出
一道沉着的闪电

踏着加油板
把稳方向盘
眼睛警惕着
巡守国土
一艘冲浪的战舰

迎着蹿升的狼烟
车轮飞转

莫名后退的土地
不时惊叹
一头飞奔的警犬

黑暗沙砾上的疾驰
颠簸着失眠
大地腾起尘风
惊起戈壁野兔
山峦不再困倦

奔赴现场的使命
不是虚构的一相情愿
隐约闻到血的呼唤
又是一次
搜寻罪恶的疲惫

警笛呼啸

安宁,一旦被血光攻击
警灯就亮起
嗓门里的针
刺痛耳鼓
呼啸扬笛

不敢与天籁相比
愿随山风振翼
红光,示警惕
吹响集结号
飞鸟急

没有奔流湍急

羡慕倾盆冷雨
蓝衣,标正义
闪动电的节奏
风雷激

心,装着危难的焦急
眼,含着求救的希冀
急奔的车轮
行进责任的忠诚
血性点灯
闪动勇敢的刚毅

曾见过
太多的肝脑涂地
有时,也吐几声噪气
尘埃里扭捏而过
传来几声嗤鼻
仿佛——
车身矮了几许

警容镜

正和反
从不回避现实
面对问题
让洞察力游刃有余

霜叶的容颜
看透几十载人生路
眼眸里淡淡的疲劳
洞见出精神的抖擞

日渐增长的勇敢
在警服磨损的袖口渗透
几多起欢乐忧愁
在抬头纹的脉络里叠加

内心是一座隐秘的火药库
常常引爆智慧，掀起风暴
有时也有困惑

一日三省，难于启齿
工作的劳顿
藏在警服的破旧褶皱里
有时也浮现痛苦的污垢

没有什么了不起
错了，改了就好
衣服整一整就看不出来了
摇摇头，一笑泯苦愁

丑陋的自私
折磨心，不能做
难解的题
付出血，流尽汗

眼里想说的都是真实
嘴巴要严守沉默
系好风纪扣

轻轻叹息一下

举起手

敬礼

擦亮警徽往前走

警营上空的鸽哨

哨音,在天空啸响
战训汗滴的节奏
拖出一道白色的云彩
拍打着翅膀
在蓝天上飞翔
带着山花的心跳

飞起来的鸽哨
沿着绿化带的走向
一次次动作翻新的盘旋
排列成和平正义的省略号
掀动使命
悬垂空中

一挂瀑布奔涌眼前

白色的翅膀,牵动蓝色的梦
鼓起古老传书的风声
守护阳光,守护微笑
飞向摘星的理想

飞翔,如警营丛中灿烂的花蕊
一群鸽子中
肯定有一只在引领方向
绝不盲目漫游
飞天的影子
浮游清丽的晨光
天使般美丽的翎冠
牵动阳光的照耀

一种比生命更本质的预言
与战斗的灵魂同在
落日的余晖中,悠扬的哨音
擦着作训服上沁出的盐霜

目 光

静,柔水波光
只让太阳直射心灵
映衬天空蔚蓝的颜色
牵挂着鲜花草地出远门
走一路,洒一路
温暖沁人

动,矢的意志
常常遇见风
面对肆虐的黑恶
如炬的光,紧盯猎物
骁勇似箭,血泊中
汇成风雨里的雷电

失眠

——是的,已经睡了
鼾声这么均匀!
——不,还没有睡着
眉头皱着
牙咬得那么紧!

睡了,眼睑遮不严思想
晃动的眼球
辨认一张张模糊的脸
并不是所有的梦境
都是星斗满天
最清楚的方向
依然绕着北斗星飞翔

凝固的血块黏结了
案件现场的眼睛还睁着
血泊里的身躯蜷缩着
一个死不瞑目的问号：
抢钱的黑手
为什么总是
叩动杀机?

吞云吐雾的烟头
思绪扩散的烟圈
使节奏慢下来
翻墙的压痕
带血的足迹
固定成摄像机里的镜头
倒回去的细节
咀嚼的口感是苦涩的

缉捕的任务
从来都是清醒的
即使睡着了
也是跳动的火焰
愤怒的黑暗里
灼伤刀刃的疼痛

划出锋线出击的弧

恍惚中的朦胧
——失眠想象的翅膀
睡梦里的神游
——破解难题的灵光

沈苇批注

好诗。表达准确、真实。

沉重的思索

把自己关起来
疲惫的身体不拒绝任务
思维需要安静
踱着方步
苦苦思索残痕遗迹的拼图

定格在刀刃血滴上的眼光
慢慢挑起凶案起末的引线
等着手机传来的消息
不时抬起头
期待一丝的光亮
穿透纷繁的思绪

电视在响

林中的一只鸟飞出来
尖喙叼出来的可是线索？
海底的一条鱼游过来
鱼鳍指引的可是方向？

争论很热闹
判断不了案件的性质
不同的声音不入调
喊不住已经逃跑的魔影
不同的肤色不入戏
犯罪没有固定的脸谱

思索，面临一堵看不见的墙
一次次掏笔
想画出藕断丝连的现场
冒出的思路
烟一样点燃，叼在嘴角
散出一团团迷雾

干脆突围出去
站在路灯的星光灿烂里
以剪影的战斗姿态
和一盏灯一起
坚守岗位

银星,缀在心空闪亮

明澄纯洁的银星
闪动梦幻的追求
洒满银光的月夜
荡涤深蓝的思索
扛着星辰的日子
坚信即到的光明

岁月俯视生命之星
黑暗的岩层
带着爱的光线
把深刻和浅薄
捆在一起烧烤
冶炼坚强

出发和回归的点
是生活的两端
梦幻太饱满,容易失去重点
波澜不惊的日子里,什么也不想
只想完成一朵花的绽放
让落英缤纷

鼓角吹起的腥风血雨
雄关闪现的刀光剑影
银星,光芒中的花朵
只愿托举和闪耀
明亮的汗水和血色
尽力打开自己
哪怕是云飞烟灭
也要在天空引路

每个人都在出发
看一眼就感到清凉的藏蓝
季节里装的繁荣和凋零
都是生的伟大
可以在美丽的景色中
进行无畏的探险

把满天星斗装进梦里

翻看行囊清点发生过的故事
曾经的梦想
眼下的坎坷和欢乐
收藏的，尽是一路星光

如果有酒，就摆酒东篱
来一场痛饮，让情感袒露真诚
如果没酒，就选择执著的奋斗
铠甲和勋章演奏的乐曲
哪一段最动人？
是爱，是泪水，是思念

樂

人生有諸多的快事何乐而不為之

多彩的日子

多彩的日子

匡扶正义的事业
有惊有险
满是深情的服务
有苦有累
警察生活，一辆负重的车
伴着艰辛往前走

装着自己的最爱和最苦
寻找共同的阳光
最动情的是思念
亲情面前
艰苦困难波澜不惊

只在风来的方向

把有爱的多彩日子
紧紧捂住
在漂泊的时候
久久品尝

车 祸

飚风的汽车
狂奔的摩托
狭路相逢
钢铁的痛苦
碾压成血

张狂抢道,速度的错
钻空偷机,人心的错
世界上多少爱和恨
常常没有目的
一味求快的车速
生命就此改变

规则,一种文明

秩序,一种心态
不要把伤的痛苦留给速度
不要把死的绝望留给车祸

车祸,没有遗言
只有惊呼的一声
"嘭!"……

出差

揣着一条线索出发
为一个陌生的名字
为一个流窜犯罪的重案
为一个不确定的藏匿地点
装在飞机、火车、轮船里往返
往返城乡山水间出没
披着星辰追，不分昼夜赶

任务，锤炼成坚韧的筋骨
现场，描摹出零星的罪恶
血液顺着晃眼的车灯流走
犯罪躲着闪烁的警笛蛰伏
猫捉老鼠的游击战
接连开场

风尘仆仆的身影
淋着汗水
思路牵着两端
缉捕费心劳苦
披着危险
用脚步丈量每个结点

每个细节的拼接
充满离奇和惊险
跳动着母亲望穿的眼
闪现着妻子担忧的脸

走完全部旅程
回家的欣喜
身体的疲惫
被深深按住
轻松地吐一口气
但愿是长长的……

周涛批注

这首诗写得好。
甘苦才心知。人皆以为警察办案风光，实则非常艰苦、枯燥，没有强烈的责任感，谁能够忍受那些苦处？

处罚，要清正

酒醉，心明情不明
拿桌椅板凳撒气
风雪路上
火气冲上头
好心变作驴肝肺
此刻，拘留室里
悔恨揪破头

凡俗生活的纠葛
恶语一转身，就倒出
雨点般的拳头
无休止的叫骂
宿仇的争斗
听不进的劝解

此刻,公正的处罚面前
收了手

寻仇,利益点燃的火
没有犹豫
错也是对
是也是非
没有理智的报复
义气聚斗的借口
此刻,威严的法律面前
不再张口

头上摔打的青紫
鲜血浇出的泪花
在简陋的桌子上
说不明,道不白
纠纷的缘由
摊开的问题
要说很久很久

耐心听陈述
辨别矛盾的源头
仔细翻查证据

分析是非的理由
派出所里无风景
法律是秤
把握世俗的公平
警徽有良知
背着正义走

尘世纠纷之忧
受伦理煎熬
三千丈白发
难解是非情
处理问题
心要扶正
排解纠纷
由法律裁定
清正是法,不是情

罚 款

鹰样的眼睛，总在捕捉危险：
顶风摇晃的超高货车
寒风瑟缩的混装客车
逐渐松绑的重荷病车
醉意蹒跚的改装飞车
血肉模糊的笑，伴着钞票飞舞

“停车检查！”
开一张罚款单
画一张虎落平阳的苦脸：
“可不可以高抬手？
我是初次犯，
出来挣钱不容易”

心中的情,在危险的颤抖里平衡
手中的笔,在隐患的理解中掂量
法律之秤,讲公平
丈量的尺子要严,严不是害
罚款之意,求平安
善意的批评有苦涩,不是刁难

撕一张罚单,心也很疼
不是不讲人情
只是规矩的警告
人生路啊,有风有雨不是寒
情谊的碰撞,是暖,是关爱

风，从心底穿过

蒙难者的血渍
被碾碎的玻璃
刚掐灭的烟头
血糊糊的现场
受到惊吓的残风
瘫在地上

来不及擦拭打湿的眼睛
来不及抑制涌起的悲凉
搜寻指纹的残骸
勾勒逃逸者的长相
血迹斑斓的分子里
凸显着那一刻的惨痛

凌乱的现场，见证残暴者的形迹
无言的家什，倾听蒙难者的呼救
生的沉重在眼角颤抖
布满血丝的瞳孔
充满阳光的正义
层层剥开嫌疑人的皮肤
眼神的每一个转动
都闪着责任的凝重

苍鹰掠起铁翅
装不下愤怒的心
视角绷紧神经
扫视黑暗里嗜血的足迹
看着一道道无辜的伤痕
倒下的风也被灼疼
刺骨的痛
打心底穿过

苦和累

苦和累，成长的起点
调解纠纷，要学会说
裁决案件，要学会干
把握公平，要实、要细
服务人心，要轻、要柔

苦和累，沧桑的汗水
惦记群众的心
工作日志装满冷暖
艰辛和繁忙
坚守的全是信念
扛在肩上的任务
总是磨破鞋

走到哪里都是方向

苦和累,没有颓废
燃烧职责的火
冶炼成鲜红的颜色
短信里飘飞的雪
散落愧疚的凉意
融化成思念的暖流

生命的字典里
没有双休日
执法的日子里
没有黑夜与白昼
像一辆负重的货车
承载的都是使命

周涛批注

此首诗可写入警官教程。

路 口

路口,伫立在街头巷尾
倾听熙熙攘攘的喧嚣
攒动的人群时密时疏
不息的车流时近时远
没有什么可看的
站在绿化丛中垫脚眺望
看不到郊外的山野春光

警察,路口的一座灯塔
矗立在黑白交错的斑马线上
每一个有力的手势
控制着一个闸口,拉起
就是一条奔腾的河

每一个持重的手语
指示堤坝的规则,一挥
河就被引向生活的深处

牵动目光最多的
是红领巾飘过斑马线波涛的镜头
惊得喇叭尖叫的
是翻越栏杆的乱走
一种自由对规则的伤害
逃不出侥幸
肝脑涂地的现场上
嘴上粘着血的汽车
呆滞地看着——
咬碎的骨头
红绿灯欲哭无泪

饱经风霜的路口
见过尘俗间太多的喜怒哀乐
五彩缤纷的生活,从这里通过
是在寻找幸福,还是在忍受痛苦
无法知道
只知道一个路口是一种责任
人生无常,生活却有规则

路口，铺着哲学
哪里来，到哪里去
人生的路很长
每一个路口
承载起承转合的重量
时间风云的变幻，人生情绪的表达
透过表面现象，很难看到心灵的感受

不管是步履匆匆，还是信步闲悠
每一次散步，都会在目标处驻足
每一种生活，都要在规则内思索
走路，要留下坚实足迹
做人，要坚持德才双修
路口呵，从你身边走过
看懂红绿灯的内涵
看清未来的人生
把好时代规则的速度

周涛批注

好诗。对路口的提炼十分精彩。从现象到哲学，从哲学到政治经验。这首诗体现了一种新的进步。

思 维

思绪沉浸在现场,伫立不动
残暴的血刃,还有蓄谋的杀机
痕迹拼接生命最后的尖叫
惨状,令心颤抖
没有完全凝固的血
燃起蓝色的火苗

藏在阴暗处的罪恶
能见度很低
使命感努力铲平
最后的记忆
一次次微不足道的目击
要用放大镜去透析
电筒的强光

照见死者最后的呻吟
听见余温尚存的血在啜泣

清理凌乱的物品
一些细节
怎么也对不上
搜寻散落的细节
逃走的痕迹
合不上步伐
描摹的场景说着说着
就偏离了主题
能看见的都在眼里

简单的凶杀
拼图总不完整
因果的逻辑
总有些清理不完
内心很疼
空气中凝聚的腥味
飘散着凝重压力

麻利的手,拼接思路
蘸起的血,查找犯罪

犯罪的痕迹,闪动怨愤
罪孽侵犯的无辜
怀着愤怒的焦虑
弯下的腰,蹲下的腿
寻着警犬的蹄印
追踪——

平静的夜不宁静
责任不是软的
完成现场的完整比对
需要显微镜熬红眼
需要吸一口烟
把意志吞进心里
失去的生命
不是失去一张飘走的纸
它的冤魂
要用全部的正义去找回

周涛批注

用诗写警察办事很难。哪个诗人有过这类体验?而有体验的人又有哪个能写诗?所以这个现场思维是诗里少见的,表述如此深入,非有亲历不可。

多读书，读好书

学问，增加聪睿
书本，汇聚古今
启迪人生
历史的平凡和神奇
在字词的海洋里跌宕起伏

一本书，涵盖着丰富曲折
经验和教训
不小也不浅薄
藏着做人的道理
藏着做事的智慧
一层一层
一波一波

学问的尽头虽不能及
却不能远离

焚书坑儒的独裁专横
“唯有读书高”的偏执愚昧
无法改变对它的需求
更无法改变它的气节

翻动着书页
台灯下安眠
忙里也要偷闲
多读书,读好书
阅读中养成品性
吟咏中浸涤灵魂
亦可取舍道德
涵养知识

装满字的纸
教你远离尘世
教你拒绝腐朽
把薄的看厚
把厚的看薄
渊博的书痴也会感慨
自己的浅薄

相约警务室

结束一天的巡逻
交付一天的勤务
一天里遇到的碎片琉璃
此刻,相约警务室

一杯凉不了的茶
盛满诚恳的建议
一本密密麻麻的日记
记录真挚的意见
鼠标,蓝色的心跳
和平安一起翘首
警务室里挤满声音

白色,连着迷惘的泪眼

蓝色,穿过阴雨天
吐着社区的呼吸
心事的辛酸
一字一句都关情
寻求法律的温暖

流连的身影
以火焰的姿态飞翔
相信蓝白相间的屋里
有着比天空更辽阔的灵魂
寄托求助的眼睛
渴望安居乐业的情感
画出生活和尊严的底限

琐碎的事
是群众的
也是制服的
说不清是盾牌
还是利剑
每件求助的事
要用心的梯子去攀爬
需要应对许多细枝末节
咀嚼的滋味
都是父老乡亲心头的冷热酸楚

网上 110

屏幕里,一个巨大的舞台
活动着
一个世界级的气象站
在这里,看全球风云
触摸不同肤色的社情民意

网页上,丑恶常常
披着光明演戏
让五光十色的诱惑乔装美女
罪恶有时隐身网址
在异国的邮箱传递消息
偶尔看到恐怖扮演的骑士
在虚拟世界里招兵买马

110,网上巡查
清醒的心,绝不被网络遮蔽
不惧野蛮词语的攻击
不怕讹诈的恐吓
无敌的意志,机敏的搏杀
在使命里洗练

大脑很累
电脑、鼠标却有条理
左键抛开犹豫
右键斜刺冲出
临危不惧

有时讲策略的隐身
只要病毒在草丛里晃动
露头就打
手指扳动鼠标的枪
眼睛装满责任的注望
血液跟着网络奔流

灵魂,从来就不是虚拟的
桌面上的数字警察
有一颗战斗的心

透支

因为痴迷责任，常常透支疲惫
遇到哭喊“妈妈”的失踪儿童时
我的汽油要透支
还要透支阵阵胃疼的饥饿
透支焦灼

因为沉醉使命，常常透支大爱
看到风雪袭击下人民的贫寒时
我的月薪又要透支
还要透支协调就业的过多语言
透支温暖磨出的脚泡
透支期待

因为铸造铁骨,常常透支歉疚
燃烧的柔情,已经习惯了思念
总在战斗前透支刻骨铭心的恋情
透支亲人给我的希望
透支力量

为职守透支心血
使平凡得不能再平凡的工作
变得出类拔萃

在崇高的责任里
牺牲和奉献的透支都是平淡的
它比任何褒奖都深刻

透支,一种精神的操守
被爱哺育过,再付出爱
那是做人的境界

周涛批注

一首好诗。选取角度不易为外人道。没有从警数十年的阅历,不会这样写。

约 会

“啪！”
公交车颠簸的一刹那
五个指印，清脆地
打在一个身形趔趄的脸上
就在同时，一个漂亮的反扣
钳住了一只
疼得直冒汗的扒手

误会，常常委屈勇敢
被骂为“流氓”的便衣
从扒手的身上搜出一个
精美的红钱包
心痛

霎时在姑娘的脸上
泛起一团羞愧的红晕

眼神在此刻凝住
便衣的面容
同约会者的照片如此相像
心灵的感激和悔意
混合成羞涩
在滚烫的脸颊上
抽搐起波痕

爱情呵,为什么
要用难看的青紫
去伤害心慕的人?
误会,没有责备
看到一朵花露出泪光
憨憨的笑
摸着退去的指香

山里的春天

一

职守,和山口的派出所一样
积雪在坡上执著候春
洁白得耀眼,比什么颜色都深
任何夜色也掩盖不了
等待春风化雨

二

清溪,门前流淌
百折不挠
融化了溪岸的冰凌
流走了一冬的孤寂
春天到了

带走一缕清流

留下了铮铮铁骨

三

雪消融的牧道，留下

一行行羊蹄印

一瓣瓣盛开的梅花

羊进山了，前面有狼

子弹在枪膛里憋足了劲

四

鹰翅

天空滑翔

大山放飞的风筝

被悠扬的鹰笛牵动着

牧人赶着牛羊进山

策马远去的逆光里

亮着猎鹰的

眼睛

五

一匹马，一支枪

一部手机，一个行袋

尾随牛羊，策马草原

牛羊跟着春草走
狼,跟着牛羊走
马背上的110,鞍马劳顿

六

游牧春天
遇到的难事,都不难
草木返青常遇寒
多有辛苦

七

春日的午阳
强烈的温暖
蒸腾春的气味
春寒躲进风的骨头
夕阳下,炊烟飘起牛粪味
把草香拌进奶茶
帐篷里,春馨暖如家

天地有正氣
戊子年
柳之

节气里的警影

节气里的警影

二十四个节气的光谱
变幻四季的颜色
酸甜苦辣的人生
锤炼警察的使命
冬的严寒里顶风冒雪
披一生春的颜色
在夏的酷热中深耕细作
追求金秋的硕果
把深深的爱
融进博大的藏蓝

沈苇批注

此辑颇有新意,从节气想起来写诗,更显得诗意盎然。

立 春

寒冻,晃动灯,彻夜未眠
泪水聚在案发现场
冻土上,紫黑的血箭哭喊冤
队长的嘶哑声
布满经验的褶皱
目光激愤
智勇射向深邃的夜

穿行在奔波的甬道上
查访归来的脚步
惊动了春
要过年了
一阵阵鞭炮响

春节晚会的喜庆
包进饺子的笑容

心里踉跄的春风
从不会因为风寒而哆嗦
腹内的饥饿看不见
肚肠闹得有点着急
有点冒昧
谁说春风可暖情!

雪花开尽了
梅花仍在凌寒中展示性格
晨光,敲响窗棂
熏黄的手指
掐灭烟头的思考
战斗的方案
今夜成为起点
明日,将成为
春天开拔的记忆

雨 水

此刻,南方节令的雨水
还被边疆的冬衣包裹着
巡逻的马背上,白衣飘飘
雨,在高空的云里结成雪花
伴着马蹄的节奏
大片大片飘飞

虽然缺氧
也要执著呼吸冰川的爱
虽然贫瘠
也要播撒高原苍凉的种子
习以为常的坚韧与困苦
在须发丛生的脸颊

流淌汗水

只要见到太阳
缠绕高原的血液
依然滚烫
只要铸成冰川
刻在雪山的纯情
依然奔突
雪花飞舞,岁月的节奏
山水穿峡,人生的高度

生命属于雪原
也属于雄鹰追求的归宿
绿洲上空泼雨的雷电
渴望山川汇流的豪饮
点燃狩猎的激情

总以破寒为起点
以历史的使者走进戈壁
唱着远征的悲歌
从春走到夏,秋走到冬
从满目沧桑的星辰
走进飘香的杏花桃花里

职业，总是这样神圣
怀着山谷幽深的心肠
翻滚泥沙俱下的思潮
顽强向春天的新绿延伸
风雪搅动浪尖
雨水高歌民谣

惊 蛰

这一天
季节想把握的起伏
春,寒冻一冬的蛰伏
就是为投出惊雷

繁杂,毕竟是丰富的底蕴
创新,总亮出挑战的勇敢
悲痛,狂喜前壮烈的宣泄
黎明,要经过黑暗的煎熬

春天的第一声雷
饱含太多的雨水期盼
悠悠过去,没有能炫耀的昨天
渺渺未来,没有能怀疑的明天

草木萌动的情怀
渴望新绿的爱
思念化作绿洲的葱茏
美了人间

清 明

雨,滴进坟草绿意的雾蒙
清风,站了很久
直达天堂的思念
被绵绵的雨丝
握住

悲切的白花
凝聚一对目光
从天空飘出深情的芳香
“有雨的时候,能一手抓住风。”
半山腰,松涛低语
送出散淡的笑

冲锋的往事里,火舌喷吐

空气都失去了弹性
生命已变得坚强
时光、梦幻、痛楚的苦涩
胜利的欢笑
听凭地下拱出的
藤蔓缠绕

风,掠走烧纸的灰烬
燃烧,教人痛苦地活着
举头可见的神灵
却教会活着的人
在思念里死去
生前爽朗大笑的疼痛
刻画着灵魂日日夜夜
颤抖的追忆

春天,把痛苦和幸福
承诺和凝望的种子
把分别的泪水
把最炽烈的心火
融进天堂里摇曳的影子

令人心疼的春分嫩芽

荆棘晃动的沉默与歌吟
沧桑的挚爱
受伤的梦境
青春的英姿
永远是清明的

二十四道节气抛出的
第一条彩虹,我能看到
静静的火焰
指天为誓

小 满

由于春的滋养
爱的灵魂，有了信念的形态
抱紧季节的时间
汲取阳光的热情
涵养充实的头脑
清水，注进青春理想
深深扎根泥土

身体越来越结实
被绿包裹着，走向黛墨
这是成熟的颜色
衣服常被季节的雨水打湿
内心的期望

发出阳光呛人的味道
执著追求秋黄的饱满

风声奏响的乐章
夹在叶片中间
根，永远保持清醒
命运托付土地
绿暖的情感和血液
击节而歌
浸润真情放飞的向往

幸福交给白杨
一触摸
便汇聚力量
传送胜利
用空气的频率大声讲话
风吹向哪里，沉着的颅腔
就指归哪里

星星镶嵌在眼里
亮得宁静又深沉
像呼啸的子弹，击起又落下
向往高贵，却从不厌倦泥土
追求的价值，马蹄声响

画外音里，战斗的延伸

思绪，如倒伏的庄稼
站在罪孽之上
同残害的病毒斗争
争强，小满的我
饱满，我的人生
……

大 暑

训练时,可以晒到最热的太阳
生活被缩小,只剩下热
紫外线与万物的气息调兑
钻进心,燃烧魂
被一种叫做坚韧的力量
折腾得汗流不止

被盐蜇疼的伤口
接近生命苦斗的本质
匍匐、攀登
呐喊、踢腾
最热最疼的光
把格斗驯化成火舌
烧化懦弱和懒散

烧光浅薄和短视

疼痛的汗，涌动幸福的苦累
蒸腾的风，吹出战斗的冲锋
能烤干硬骨头
让阳光淋浴
洗去幼稚空幻的污渍
揭掉调皮捣蛋的疤痕

比快乐更深刻的信念
比意志更坚定的执著
在燃烧的血里储藏
喇叭花爬满了七月
土壤里伸出绿色藤蔓
默默芬芳

汗浇的情，紧紧咬住
滴血的红唇
藤牵动练成的火眼金睛
忍不住往高处攀
在长满果实的枝干上眺望

寒露

一立秋,夜就长了
天就凉了,寒露透白
万木萧萧,灌满风声
天地动容

风吹戈壁,起沙
萋草稀疏的荒漠
太冷太凉
风吹流水,动情
心中的那片芦花
摇着秋风的走向

风吹胡杨,黄叶翻卷
传递岁月的念想

抵抗白昼值守的孤独
风吹战马,站定赤诚
鬃尾潇洒地拂去
透过骨缝的冷寂

理想,在门前的花圃绽放
迎着秋风伸出嶙峋的手
托着暖阳,捏碎薄霜
战地黄花分外香
一颗秋霜
比一滴汗水坚硬多少?

白霜为寒夜巡逻
月光结伴而行
秋菊交出清香
一座大山
能比警察坚硬多少?
任秋风流淌,不愿放弃的绿
春意在内心蕴藏

大片的秋色变成了云彩
秋阳的气息在天地徘徊
秋风浩荡,警民并肩而行

牧鞭卷起蔓草

空旷的原野,藏不下

马蹄奔波的祈望

小 雪

这里的小雪
总比时节来得早
雪花承接着雪花
亲吻沟壑密布的大地
坚守香冷的纯粹
满是风吹的思念

这里有旧年布置的祭奠
开满十里长街的白花
簇拥不朽的神灵
把世界的污浊
痛心的泪水
洗涤干净

这里有为新年放飞的春花

雪,上苍的语言
倾吐轻柔的话
静静的素雅
深深的爱恋
擦拭过去的伤痛

白嫩的足印
不喜欢暴雪和酷寒的惩罚
愿意变成云一样的风景
藏着四季的心迹
送去幸福的守望
描绘许久的重逢

雪,飘飞的泪
视线常常模糊
挂着融化的霜迹
用沙枣花的香和纯洁
鉴证忠诚

声音落入城市的深谷
轻轻一声叹息
藏在内心深处的隐痛
对亲人
鞠躬!

冬 至

大雪正在封山
峡谷灌满了风
腊月雪的风姿
簇拥着鲜活的生命
和寒冻一起过冬

矮屋内，热气蒸腾
饺子的香味，驱赶寒意
笑声，撵走待命的憋闷

雪花纷飞的春意里
战斗的渴望
像屋檐下串串红辣椒

能感到火的炙热

万千种姿态

汇成雪的妖娆

向冬天宣战

静极了

欢快奔腾的血

蘸着酱醋汁的酸辣

等待出击的命令

大雪来去,松杉撑起寒冻

一片雪花,一个飘起的梵音

天和地,听风寒暄

警察箴言

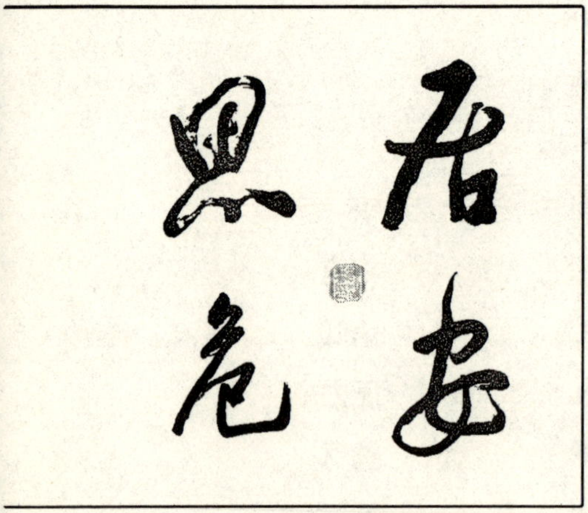
居安
思危

警察箴言

讲实话，办实事，固守自己的阵地
不尚空谈，拒绝一切包装
总想做到公正，总想构建和谐
诚朴而自由的心
把激情、沉默，把欢乐、悲悯
变成爽朗的歌
表达感动，表达思索

差 别

狗尾巴草
爱骄傲
风中显摆的骑墙
有形无德
难怪一辈子
惴惴不安

谷穗，耷拉脑袋
向太阳致敬
向大地鞠躬
蕴藉体内的果实
化作营养
风中的轻语
美好的祈祷

淬火

因为生钝，所以渴望锋利
因为刚猛，所以渴望坚韧
烧红的意志，无路可逃
跳进冰冷的水
蒸腾体内的迷惘
浸筋骨，方可去废渣

这是一种接近完美的方式
仿佛燃着了酒醉的冬风
寒冻洗涤灵魂
说话的时候，皱着眉头
牙咬得很紧，蘸着消退不去的血迹
心中的忧患，承受风光无限的暴雨

动 感

风赶云

云压山

山拖动着灰天

渐渐变黑

沉闷的雷

咳了两声

吐出闪电

闸口被拉起

洪水漫

旱黄退

雨洗田野

对不起

“对不起！”
认错的话
不是尊严的低头
是道明误会的内疚

“对不起！”
相互理解的道歉
可以熄灭怒火
善意，铺架友谊之桥

“对不起！”
一团关不住的火焰
燃烧品格的高尚

道德缺失的人
不会用“对不起”
温暖他人

如果有人对你冰冷
请点燃如炬的热情
切忌因孤傲对不起

方 向

爱情迷惘
幸福的苦恼
常在品貌上游荡

生活迷惘
良心眯着眼
有时在利禄的路口彷徨

工作迷惘
智商的犹豫
在功名和价值中惆怅

迷惘，因为缺失方向

秤无砣
岂能称出斤两?

方向,靠信仰确定
信仰,眼里的光
看准黑暗里的方向

规 则

矛盾和冲突的雷管
被利益的怒火点爆
“人为财死,鸟为食亡”
仇恨,谁来化解?

规则,平衡利益的法器
维持和谐的圆圈
传承处世的规矩
约定交往的守则

如空气、阳光、雨露
无处不在,无处不有
潜规则,习俗流淌的一条河

头上的雷池
逾越不得
生活的高压线
触摸不得

怀 念

你的笑容
如风，兜起
难忘的豪爽
伴我扬鞭
催马

你的目光
如炬，开启
有益的睿智
合上书卷，照我
默默思考

记得你那句话

能看见的眼泪
都浅薄
看不见的思念
总深刻

你最后的一滴血
没有凝固
滋润心土
缠绕梦中的
常青树

平 凡

落叶，很平凡
那是季节更迭的使者
雪花，很平凡
却孕育春天的温暖
平淡的生活，铺满平凡
像蓝天白云一样自然

平凡，一种光彩
水一样淡泊
山一样蜿蜒
再孤芳自赏的云
也会随风而逝
平凡的日子

荡漾的都是平凡的波澜

平凡的学习
涉过一条河
平凡的探求
翻过一座山
酸甜苦辣
蕴涵着平凡的情感
风霜雨雪
变幻着生活的绚烂

贵在坚持,是平凡
正义侠道,是平凡
大智若愚,是平凡
大智大勇,也是平凡
平凡的脚步
走出人生路
艰辛而漫长
评说时
都认为不平凡

求 索

少年的爱
植在依恋里
纯真,多样,喜模仿
名利,描摹在
天真上

青年的爱
洒在江湖里
勇敢,不屈的热望
名利,圈点在
设计上

中年的爱

系在追求上
情义,执著的理想
名利,劳累在
攀登上

暮年的爱
握在牵手中
深沉,厚重的摇晃
名利,刻记在
回音上

人生的爱
走在征途里
名利,闪动在
作为上

突 破

风雨中
吃劲地撬起
硬土壳
一个嫩芽
流着汗
探出头

什么力量
令生命急切地
向往春光？

尾 巴

民谚：沉甸甸的麦穗，总是耷拉着脑袋；只有狗尾巴草才迎风摇摆。

"尾巴"是缺点
也是优点
夹着"尾巴"做人
低调做事，结人缘
张扬优点、不改缺点
到处显摆
人弃之

温 暖

温暖,被理解的手捂热
不让痛苦和忧伤再凄凉
直到知足
直到恬适

温暖,被融化的泪水感动
狭隘走进蓝天的广阔
直到豁达
直到悲悯化作勇气

温暖,从来不是
一相情愿的感受
和悲伤一起流泪

和困难一起奋斗
良知做的好事
传播温暖的名声

感知和承诺之火
拥抱相爱重叠的影子
是温暖,让沉在心底的思念
夜梦里生出瓣瓣花朵
让美酒待人的清香
流到身体里去
由挚爱和诚信相陪

无 能

失败时
痛心的泪花
眼眶里打转
——命苦

成功时
庆喜的笑容
嘴角边抽搐
——运好

无 题

时间如水

流水无情

时间、流水皆可用

需珍惜,勿蹉跎

悟

历练

生活刻画的痕迹

知识给思想注入灵光

常有悟

悟,心指示的方向

悟出,即有创造

相 信

感到意志薄弱的时候
千万不要为难生活
要原谅心里纠结撕裂的痛
相信世间总有一份真情
令我们无法拒绝

感到情绪苦闷的时候
千万不要借酒浇愁
忧愁只是苦和累暂时的疲劳
相信成功与失败,高尚与卑微
一直在考验奋斗的执著

不要固守寂寞
孤寂,是生活拥挤造成的

相信人间理解的柔情
可以融化昨日晶莹的冰
成为今日清浅感动的泪

不要畏惧冰雪
每场大雪,都飘着祝福的愿望
相信只要独领寒冬
春天就不再遥远
盛开的梅正在吐纳芬芳

相信,一种力量
常常焕发追求的能量
相信,一种智慧
总在闪烁间刺破颓废
相信,一种勇敢
在意志的搏杀中
跌宕

信 仰

信仰,一种心灵的属性
执著的追求令人沉醉
有思想的人,靠崇敬的理念活着
涉水有舟,登山有路
艰辛铺成的路
只要走过,就是幸福

信仰,一种思想的境界
敬仰什么,信奉什么
由人生的信条支撑
每走一步都是铿锵的誓言
却不知
每朵花的怒放
是否都有未来的芬芳

信仰，不是无所适从
简单而陈旧的日子里
每一个愿望都由善良的理想堆砌
像雄鹰飞翔
托着峰峦的注望
渴望力量的释放

大脑，坚守指挥思想的岗位
勇敢、智慧、有目标的奋斗
总在排除重重叠加的愁困
总在抵御五光十色的诱惑
裹着沉入骨髓的叹息
寻找终身导航的目标

压 力

风云,大地的压力

滋生雨露

土地,种子的压力

拱出绿意

任务,工作的压力

冶炼素质

学问,做事的压力

丰富阅历

品格,做人的压力

涵养道德

压力催生动力

牙,咬着执著

腰,撑着倔强

能喝半斤,喝八两的
是酒醉的狂言
能挑八十,挑一百的
是意志的勇敢
面对压力
准备吃苦的奉献
总尝到苦里的甜

勇 气

昏暗中摇晃的星光
怯懦里长出的坚强
有一种挑逗正义的兴奋
切不可鲁莽,不知深浅就不要下水
切不可盲目攀登刀锋的顶端

绝望时萌发的希望
经历躁动不安后
沉沦迸发的力量
切不可用罪恶去焚烧生活
切不可用寒冷去烫平坎坷

勇气,从来不会完美
燃烧的眼睛,像弹孔里储藏的火药

头不抬起,心会更加压抑
义气结成的联盟,没有仁爱
只有复仇的冷血

勇气,跟信仰有关
在立场的枝干上喷吐情感的异香
一朵花开放前的信号
总是留下血和疼痛的伤痕
不知道是否有怒放的未来

勇气,是一种感动
不是仇恨的义愤
也不是誓言
激情与仁爱同享甘甜
总与扶贫帮困共患难

远 近

心意通

相背而去的身影

会越走越近

情谊阻

相对而来的身影

会越走越远

钥 匙

知识,不被实践检验
只是把纸钥匙
可伸进锁孔
转不动钥芯
没有力量

血与火的实践
锻造淬炼过的筋骨
变成金钥匙
可开启古今中外
宝殿之门

争强，不好胜

争强，不好胜
为人道，重内涵
和合借力
——永强
求胜，易嫉妒
单打独斗
——有伤

注　定

注定有一种精神叫坚强
以温暖的名义
刻下阳光的尊严
铁水铸就的骨头
惯于磨砺锋刀
穿透霜剑的寒光

注定遗传人民的血液
在这里才有激活
胸怀的侠义和勇敢
困难的时候奉献力量
危难的时候奉献牺牲
爱的旋律,和人民的节拍

一起心跳

注定在信仰的崇高中活着
虔诚是内心的情感
灵魂是永恒的支柱
矗立在善与恶的温度中
撕开伤口的黑暗
如凤凰涅槃的大火
浇出大爱如瀑

一份菜,如果无盐
生活注定索然无味
盐的品味,提醒
精神存在的重要
情爱的缠绵,不可忘记责任
泪水的轻啼,不能绊住启程

字，错不得

错话伤情
错事伤心
错别字
败意坏形

汉字象形
字如其人
字写错了
看着就失败

每个字
飘有魂，凝聚神
排列着情感

组合着思想

写字不用心

做事肯定不用心

心错,手也错

难免事事错

尊 严

生活可以过得贫寒
为人不能没有尊严

尊严,心灵呵护的脸面
隆起精神的高度
道德支撑
诚信实践
由理解牵线
由尊重温暖
情谊绵绵

品格,尊严燃起
最亮的一股火焰

照亮心灵
洒满人间
失去品格的光芒
心神难以健全

再脆弱的生存
也懂得增补铁和钙质
提炼忠诚信念
如果意志颓废,不认良知
只认钱,善良将咳出血
正义将慢慢冷却

警营人物谱

警营人物谱

公安局长

交　警

警　花

警　长

派出所长

片　警

新　警

刑　警

巡　警

周涛批注

这是一组警察群像。交警、刑警、警花、派出所长，各自任务不同，责任不同。作者在为之塑像时，抓住特点，深入内心世界，笔法粗犷与细腻结合，外在形象刀砍斧削，内心世界纹理细润。不是非常熟悉，很难写出来。

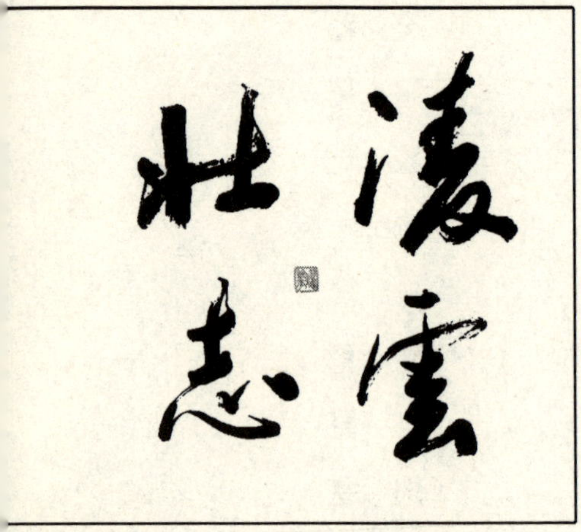
凌雲
壮志

警营人物谱

不同的年龄
都有着雷同的经历
不同的脸形
都跳着一颗炽热的心
不同的警种
担负着共同的使命

都是有尊严的
冷峻,有着不容置疑的坚定
战斗时,展露铁血之色
都有人情味,常常借用死神之笔
写下生命的祝福
苦难和幸福,都与人民共享

公安局长

国字脸,不总是冷峻
生动地映着精神
额头善思的褶皱
凝聚对日月的忠诚
跳动的眉,亮剑的果敢
眼里藏着水与火

宁静的时候,黑眸汪着水
包藏波涛里,拍击海的胸膛
感觉到风云的温度
理解尘俗的温情
散发思考的气息
闪动光芒,上善若水

愤怒的时候,火的烈焰射出
燃烧正义,洞穿黑暗
熔化铁,烧光心中的杂物
负重行进的奋斗
不喜欢平庸的苟活
只选择灰烬的奉献

出征的人马
注满扬帆劲风
壮行的意志
懂得战斗的重要
火在脚跟
旗帜扯动蓝天白云

在光柱里疾行的人
艰辛总在脚下攀登
情感,抛洒崎岖的山路
家,草原上放牧的毡包
一跃马,就瞬间遥远
幸福的影子在飞翔

汗水,泡着沸腾的事业
执著,在磨砺中生活

从粼粼晴日到雷雨纷纷
挥手扶摇鹰翅的腾飞
搏击风雨的呼唤
鲜花铺满山野

只想把安宁的感觉
留在身后
前方山峦连绵
腾云扯雾的山顶
一个壮实的身影
在沉思

交　警

一

交叉路口
一辆抢速的车
冲过了头

一个庄重的敬礼
交警举起了手
同志,请出示
驾驶证
说说疾行的理由

莫愧疚
有急事

也要把法律遵守
请慢慢走

敬礼!执法聚焦
爱民的镜头
国徽在警帽上闪耀
暖意,在违章者
羞涩的脸上涌流

二

总会看到路标、方向
浮动于车水马龙中
守望道路的安宁
站立,一种信仰
扛着青春的风霜

总会看到秩序、规则
手势,方向的表达
风筝一样收拢、放开
顺着走,引导幸福
逆着来,常有忧伤

总会想起繁荣
红绿灯启动的文明

电子控制道路畅通
轮胎壮行的歌吟
安全爱意的表达

总会想到艰辛的黯淡
汗水，黑灰路面上挥洒
噪声、尾气污染艰辛
晃动的蓝白身影
一道心疼的风景

站在日夜喧嚣的路口
喇叭哼着拥挤的呻吟
铁风掠过繁华的人欢马叫
总感觉到楼在晃、城在动
岁月就这样度过

目光不停地丈量
路面和高楼的宽度
丈量车行人走的速度
疏导烦恼的堵塞
调节车碰的纠纷

总被期待的目光冲撞

只用公平的温度调节
大禹治水的心意
潇洒手势的舞蹈
铺洒阳光的意志
就简删繁的执法

敬礼!
庄重举起手
都是正义的表达
都是精神的感动

警花

警花,潮汐簇拥的花
默默泛照海的颜色
蓝色是深爱
汹涌流水之情

波浪的峰谷
颠着无悔的追求
美和新鲜的希望
构想海的深沉
笑靥迷醉浪尖
飘曳花气

风雨中日夜兼程

美丽的心灵在都市里放牧
总遇到荆棘的招惹

尘俗挑剔的眼神
浸润蓄苞的信仰
花的怒放有时怕人
风中搏击狗尾巴草
有些恐慌
身体的重量不太稳

擒拿的手比光快
砍伤的血把疼埋在心里
夺眶而出的泪水
洗去娇柔
留下勇敢

旗帜的亢奋
绽放一朵花的箴言
心思藏于蕊的某个角落
希望借风飞翔

披星戴月的花
有过黑山白水的苍凉
有过厚雪薄冰的悲伤

一瓣足迹

一线希冀

偶尔，在月光下抱着自己的影子

风从很远的地方吹来问

汗水为什么哭泣？

她说：开花总有瓣裂的痛

散发的香

传承使命的疼感

血色是青春的憧憬

沈苇批注

堪为完美的诗。

警长

三人的缉捕组，你是刺刀的尖
九人的侦查队，你是领头的雁
顶风前行时，才突出自己的造型
有规则的心跳，流着比桀骜的雨点
更大的汗滴

皱起的浓眉，梳理着战术的思考
明亮的瞳孔，藏着黑色风暴
披霜的命运，迎接大雪来临
内心的刀，出鞘则锋利如风
暴风雪里，奔驰不受束缚的马蹄
雷电声里，潜伏着耳朵竖起的警犬

守不住一个又一个的胜利

端起无怨无悔的酒
抛出心灵的污垢
醉了,总爱哭喊
喝不醉,只想乘风做仙

破案失眠时,一点线索就够了
遇到挫折时,一句理解的话就够了
最疼的是,捂住见义勇为的伤口
血虽然止住,疼还在
带着牢骚、歌声、病和泪
为了任务,还要准备好伤疤

挚爱职业的气味,从鼻孔吸进内心
手和脚在一起,头和心在一起
血、骨头和灵魂在一起
从翠绿一直走到枯萎
省略号书写的一个个任务
蘸着苦涩的乐
让幸福经过艰辛
燃烧自己

派出所长

任命，肩章上增加一杠
任务，肩扛兵头的忙碌
不再是单打的自由
兄长情
挑起一所人的冷暖喜忧
担着辖区维护平安的紧张

挑着责任的担子
踏访千家万户
寻找安居乐业的暗伤
忙，不是借口
是实况
千条线穿进一个针眼
哪有空当！

内心的风暴
无人知晓
日子被违法犯罪害得很苦
牢骚的抱怨里
常有春耕秋作考核的苦恼
常为织结天网的职责惆怅

足迹
印在长满苦菜花的棚户
汗水的情感触摸着百街千巷
浸着挚爱的记事里
都是人间冷暖

一家一家走着
走着,一天的太阳就落了
走着,秋天的树叶又红了
使命的忙碌者
学会了天空的高远豁达
荣辱不惊地向人民致敬

脚步扳启灵魂的开关
和谐的牵挂

注定只能在公平的高度上
不停地捧着信念往前走
站在最艰辛的地方思索生活
站在最幸福的深处感叹人生

希望家人的理解
流尽了忙碌的汗
回家语少笑多
被妻子叫做“游客”
愧疚袭击着比街巷还长的
心路

周涛批注

这是一幅派出所长的正面像、标准像。此中足见作者对基层干部的一片爱心与苦心。作者原本是一个具有艺术气质的人，几十年从警生涯，使其深深理解了、爱上了警察这一行。

片 警

梦里，闪过蓝色的思念
脚步，在灯火阑珊处巡查
眼神，在晨练的清风里扫描
总在想没有做完的事情
常常站在出租屋前
一遍遍摁响走访的门铃

社区的守门人
安宁的瞭望者
时间都被忙碌的服务拿走
每天，工作记录上
沟沟壑壑的句子
字字都是民情的表达

一家家走着
一步步都是情和意的牵挂
身影在岁月中走动
稍一用力就挤出汗水
理解中的笑眼
危难时的问候
心灵的抚慰
聚合神奇的力量

一个思念的人
注定要守着操劳
操劳,注定要站在
遥远的幸福深处
守着使命和责任
家,常常是一个简单的断想
却是藏在心底角落的隐痛

瞳孔中的岁月映照着人生
关爱是松不开的手
脚步启动灵魂的开关
从闹市的音乐声中走来
工作在琴弦上跳动
职守,本身就是一滴汗水
在平淡而幸福的时光里闪烁

新警

走进警营
想充实热血跌宕的魂
穿上警装以操场为砧
锻打稚嫩的筋骨
训练格斗的汗水
洗涤脆弱的理想

雏鹰,不再沉迷
巢穴的懒梦,站在岩壁上
腾空的翅膀
拥抱日月天地的宽容
刚迈出的步
踢踏风刀霜剑的战场

福尔摩斯的梦
飘飞进布满艰辛的岁月
未来的路
要爬过苦累的桥
警营的感觉
不再是个学生
性格应该是金属的沉默
信念被智慧铸造
是非被正义敲响

握惯笔杆的手
被酷阳辐射
操练的淬火,很痛
熟读书本的眼
被汗里的盐浸渍
职业的磨砺,很疼
大强度的训练,掏空了疲惫的躯体
只有心,还在跳

正步,走向庄严的警徽
表达神圣的向往
藏蓝的新装里
一个灵魂融入
蓝天的笑容

刑 警

精明的捕快
总懒散地生活
常常胡子拉碴
开猎豹车
骂粗俗话
不是一个标准的楷模
却是驰越犯罪的一束刀光

蹲在血溅的现场
雄鸡蔑视黑夜
大地上成长
季节里穿行
只向蓝天致敬

高傲地把风举着
巡夜如狼

鹰是誓言
扛着山一样沉重的承诺
总以岩石的姿态
抓住高空的闪电
用隼的勇敢
缉捕狡猾的狐狸
用爪的利刃
剥开犯罪的面目

大茶缸,总装着
熬红眼睛的隔夜茶
从不经意熄灭的烟头
缭绕着臭皮匠们的智慧
最神圣的时候
是接受出征的命令
激动的任务拉开弓
欲飞的箭射出

骑着火
聚着神
发烫的血

握着出征的手
交代责任
等待每一次
雨水攻击着河流

刑警,遭骂的精灵
每一次战斗
都是为了守护大地的恩养
借大江东去的浪乘风而上
心中的雨
一滴一滴下着
要打湿雨后
——苍翠的绿

周涛批注

写得生动,写得地道。
若无几十年的警务生涯,很难写出。
所用短句,显诗坚定、有力、节奏明快。

巡 警

柏油路上交织游动
森林上空飞舞盘旋
展飞鹰的铁翅
寻猎,不变的方向
忠诚,巡守的魂灵
还有啄木鸟的神通
大街小巷上悠悠飞行

警惕的心和眼
增加着脚上的老茧
在信赖中学会了幸福地点头
白天,被烈日追赶
喧嚣拧挤汗水
夜里,被灯光蒸腾

忍受灯红酒绿的痛

穿透炎热，穿行暴雨
城市没有荆棘
多有歌舞笙箫的迷醉
树，从不忘本
坚韧的根
死死搂着土地
坚信江河必然行地
坚信日月必然行空

盛着海一样的博爱
警装，平安的保险
挡风遮雨的伞
尘埃神往的大山
都是熟悉的身影
却无法记住每一张清晰的面容
风雨中
一个千呼万唤的盼望
——110

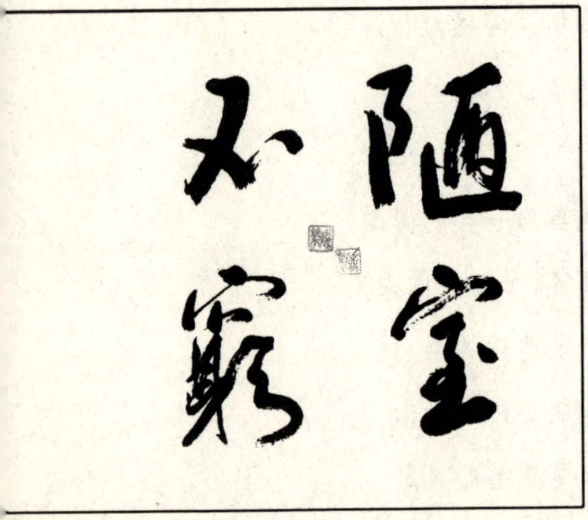
陋室不窮

念叨的家和事业

念叨的家和事业

心中念叨的
只有两件事
家和事业
家的亲情温馨
事业比家大
和事业并重的
是忠诚

忠诚是警察的仁爱
装着国,装着家
忠诚不必多
身肩一种勇敢
不屈即可
心装一颗爱心
执恋即可

等待(组诗)

一　牵挂

白发的念叨
母亲倚门的牵挂
常常夜半里
躺下又起来
起来又躺下

心里揣动的挂念
望断夜风肆虐路
远处落叶的声音
穿肠而过,往血肉里扎

挚爱的眼光盯着儿女

总有艰辛却从不动摇的征途
担惊的波澜
时而泛动警察世家

爱,从不要回报
倾泻的整个心
沉醉在温馨的叫声里
“妈妈,我回来了!”

当疲劳轻敲窗棂
守门的心,才落下……

二　等待

不是深爱
心绪不会这样躁动
静候窗前
饭菜凉了又热,热了又凉
期待的目光
不时掠过高远的星空

数着走进家门的脚步
足迹,牵动羸弱的心
盆花的思念一绽放
就注入血肉和皮肤间

爱,从不会无动于衷
思念的光彩映在脸上

想着警服扛动的日月星辰
想着爱恋甜蜜的拌嘴
牵挂,一种爱的意境
心中默念“冤家”
头低在隐隐作痛的胸口

黑夜被风吹落
当年定情温馨的梦醒时分
——天渐渐亮了

三　盼望

爸爸的样子在作业本上
画了又撕
撕了又画
捧着“三好学生”的奖状
不是100分的惊喜
是“110”紧急出警的期盼

布娃娃懂事地垂着头
等待温柔的一吻

静静聆听爸爸的眼眸里
潜伏着的风雨人生
头越埋越低
快睡着了

梦里,眼角上挂的泪
像美丽的琥珀
熠熠闪光

四　心情

守候,隐掩在云雾深处
身边飘过的云
流走的水
寄托思念的深情

蹲坑的守,有挂念的心跳
没有发出的短信
在手机芯片里倾诉

潜伏的候,离不开黑夜的隐藏
有目标,没有时间
此刻没有比缉捕更重要的任务了

守候,草尖上准备滚动的狂风

沉着地挑战黎明前的黑暗
朔夜的凶险
唯有想念
方能抚平前头的惊涛骇浪

守候的时钟既长又短
岁月的分分秒秒
交织着爱憎透彻的牵挂
在等待中煎熬

爱的牵挂,比亲人混沌
却有握之即在的激情
任务的职责,比亲情清澈
在凛冽的风中坚守

心中向上的火焰
闪着思念的光彩
伏卧着战斗的渴望
感觉的触动,没有声息
响彻在灵魂温馨的天空

都塔尔

妙长窈窕的琴身
绷紧情长的弦
斜挂在墙上
从不无病呻吟
琴面共振的桥下
流淌着一肚子
牵挂的话

常思念,相拥葡萄架下
你黑亮的眼睛
扯动艾斯莱提绸裙的笑容
激起麦西来甫热情
一种永不消逝的旋律
琴声响起的时候

笑得最甜
不响的时候
想得最深

是呵，我也常常思念
月下的夹竹桃
相爱不需要酸奶解饥
也无需浓茶提神
只要拨动心上的弦
花帽就盛满
瓜果飘香的歌声
唱出冲天的气韵

而今，远离你去办案
警装吸附太多的灼热
执法有责
深沉而真实的爱
迈动在正义的汗足上
总在攀登艰阻的云梯
登上凌绝顶

心，像远处起伏的山峦
奔赴闪电的时候

也想过拨动琴弦

用战斗滋养爱情的品位

也想寄托淡淡的心愁

驱散思念

在熄灭烟头的冷静里

偶尔弹起惦记的琴弦

歌声回荡在山路上

如乘风的翅膀

寻找无尘的亮眼

天鹅在心底的云空飞翔

回报爱情的心神

在风中摇曳

短信

只要出差
总跟着"不要牵挂"的短信
拼音堆砌的爱意
在工作的酸甜苦辣里停驻

只要办案,总听到
"到了,就报个平安"的声音
手写的短信
飘飞重复的叮咛

手机的芯片
藏着最甜蜜的语言
牵挂,永远是

亲人最重的心情

手机的铃声响
肯定不会有别的
电波声音的背后
亮着一双最美的眼睛

日 子

报表,登记着血泪呼喊的冤
信件,哭诉着利益纠缠的怨

每个案件,都是艰辛的坎
跌宕冷暖人生的坡

平息一起纠纷
经历一场精神的磨难
查破一个案件
荡涤灵魂的冲锋

每一个案件的命题
要用心去做

磨疼老茧的脚
刺痛布满血丝的眼

前面是艰辛,靠近污浊
后面是寂寞,远离亲情
没有人理解血的搏杀
只喜欢忽悠神奇的勇

没有人相信办案的平凡
只喜欢宣扬智慧的谋

一次次艰辛的办案
承载岁月的蹉跎

一个个破案后的大喜
都是一次微醉的解脱

公平秤上,面对案件
向正义的挑战
心儿颤抖
……

失 约

第一百零一次
又要失约！

带着定期看望母亲的孝心
走进病重孤寡的老人
答应陪妻子装修新居
却顶着风雨摇晃的贫居漏屋
应允去开家长会的时间
被突兀而至的犯罪现场占领

每次失约
都因为任务紧急
对亲人道歉的苦笑

在责任中承重生活
失约,从不失爱
藏着最深的快乐
是执行任务时的隐痛

幸福,有时候是一道减法
如鹰的飞翔
要减去对白云的眷恋
对你的情爱
总在神圣使命中
减去失约的牵挂
战斗的欢笑
藏着失约的泪
完成任务
有个永远的秘密
不能说出

任务的履约,一种责任
警察什么都可以放下
就是不能放下任务
面对任务,不能讲价
哪个忠诚,不渴望坚贞壮烈
哪场战斗,不神往冒险绞杀

失约，下次还可以履约
爱是填补缺憾的良土
平庸让位于陡峻
事业的风景线
就会凸现蓬勃生机
把所有的情感
抛洒在安宁上
用手一摸
触摸到亲人的体温
手中那些有分量的日子
由默默相守的亲情
共同分担

血　乳

2008 年 5 月 12 日 14 时 28 分，在 8 级汶川大地震中，一位年轻的妈妈，临死前用乳汁救女。令人震撼的悲壮一幕，燎人眼，灼人心……

——题记

山摇飞祸，地滚横灾
死神狞笑，泪淋尘埃

镇静的妈妈解开怀
乳汁挤进婴儿嘴
白色乳液，由热变冷
由甜变咸
鲜红的血写下永恒的短信
“宝贝，妈妈爱你”

最后的遗言

柔弱的脊梁
顶着断裂的石板
——护犊的盾牌
紧紧压挤乳房
希望的血
续接生的命脉
决不停流,决不停流
延续情爱的奶

默默吮吸
吮吸血乳交融的奶水
娘亲的大爱
黑暗里闪现
铭刻脑海

警察阿姨,好心疼
你那挖破瓦砾喂我的手
让我最后,最后再
嘬嘬妈妈的乳头
让我撕心裂肺的哭声
喊着不愿意
永远不愿意忘却的爱

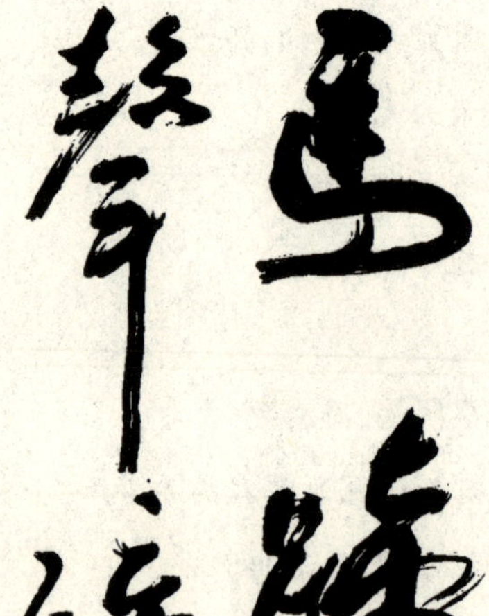

西部警察的图腾

西部警察的图腾

血痕,刻在苍老的石壁上
心中向往神
用光明做种子

纷飞的草籽
无论在哪里落脚
都能长出一片绿

理想托在掌心
燃烧心中的火焰
让爱的思念
伴着水的歌谣

沈苇批注

此辑艺术水准最高,很有分量。

高高的钻天杨

一拱出泥土，就铸造剑身
绿叶的歌，排空万里
拔地托天，抒放心意
枝干挺直，绝不孤独求败
按照团队的意志
排列成一道道挡风的墙

春发芽，爱也发芽
雪水孕育的春天
展出湛蓝的豪迈
洁白的云朵里
碧青的血液奔突
排列成远山逆光的剪影
肃穆、凝重

脚下,一条雪水蜿蜒
像一条鞭子
轻抽风景的腰
生活的帐篷
在充满幻想的田野
修改心中的彩画
让好动的鸟
组成梦境里最完美的方向
在苍穹中飞翔
看季节戈壁赶路

以拓荒者的姿态
把八月的剧情推向高潮
篝火旁载歌载舞
迷恋大碗酒的热烈
喜欢山一样沉着的性格
挺直腰杆时
已是饱经沧桑
秋风吹乱怀念

看见沙尘灰蒙的颜色
秋天,来不及一声叹息
绿色转身而去
沉静的秋阳

为了变得年轻
让风吹落叶子
扔下往事
赤身走进冬风里

冬日里披着寒冷
平淡，并不意味着孤单
身上没有绿
却蕴藏着温暖
贫瘠的荒漠
握疼寒冷和不屈
擦干血泪
向岁月挑战

心中沉淀的绿
洒满阳光的情
静静地
等待寒冻的消融
相信任何一场春风
念叨的都是温存
钻天杨的季节
有属于自己的天空
你不欣赏她的飘逸
她也不会轻吻你的芬芳

沈苇批注

好诗。

冰山上的雪莲

一

雪线以上

山野的季节

谁能撼动漫长的冬?

二

雪莲的惊艳

举起季节的夏

山里的春一拱出泥土

荒凉不再沉寂

站在陡坡

以怒放的姿态

承接飘雪

山梅的骨
牵动绿风
生命的使者

三

一排一排
一窝一窝
拉着山石摊的芨芨草、骆驼刺
寻找大山护卫边防的背影

思念的手
伸向苍穹的湛蓝
洗练心中的清丽
印上岁月的记号

四

每一朵花,都有使命的契约
哪里艰险哪安家
冷香的唇,沁满了阳光的吻
蓝绿的叶,托起温暖的热望

仰目才能看清花的圣洁
崇高来自雪峰奠基的理想

无敌来自冰雪凝冻的信念

五

岂止只是躯体纯洁
愿望赤裸在寒风凛冽的时刻
亘古的思索、期待和希冀

萌芽的力
没有贫瘠的因袭
没有颓废的痕迹

六

阳光点燃的火炬
照亮生命的绿
追求真善美
擎起风霜雷雨

举起天堂里的莲花
思念藏在花蕊
让蜜蜂带走爱情
雪地上写满美丽

负重的身影
太阳下落英缤纷

有一种无法抗拒的魅力

七

清溪穿过重峦
对你开放千万年的深邃

冷风染绿松杉
令拥抱你的高原清秀柔迤

八

冻土酝酿的梦想
让融雪松软了沙砾
举起不会融化的花
驱赶苍茫的孤寂

一颗期待阳光的心
如山下的麦香
有着盼望成熟的焦急

九

有一点贫瘠的泥土,就够了
寒冻裹在盔甲似的花茎里
慢慢品味云飘雾散的欷歔

十

都塔尔弹拨的花香

满是浓淡相宜的爱

鹰笛吻过的花蕊

星星布满梦里的高原

随着消失的雁影

付出一生的雪莲

总是呵呵热气

暖暖自己

含笑凋零

十一

借助葱岭的厚重

从容应对寒风的刀影

还有阵雪的锋芒

风播红柳

戈壁沙滩铺开的原野
一簇一簇的花红
笑傲江湖
燃烧的心
闪烁岁月永恒的阳光
浸染烂漫
等待风吹雨打的飘零

小叶,鳞甲般坚韧
风沙压来,一挺身
又钻出沙尘
借助四季的想象
完成绿色命运的航程

虽然落花似的落尽绿
总忘却不了盛开时的辉煌

是什么样的力量使你的根
深扎大地,绷紧藤萝的筋?
来自根的记忆
在鸟飞翔界定的天空
抒发原生态之夜的幻想
和风暴一起转身的潇洒
成为大地浪漫之花
长成地上的英雄

远处高山的松柏
虽然是不可攀的风景
仰望它,没有眩晕
也没有惊异,从不哀怨
也不需要怜悯
荒野生活的共同命运
都有不安的宁静

心,冷藏着戈壁蓄养的热情
饱满的籽,很重
质地很密
喜欢浪漫的探戈

和风一起舞蹈
那大漠孤烟直的气势
星空追月，戈壁吻山

入乡随俗的操守
无尽的光阴
流溢对大地的爱恋
荡起风的抚慰
让漂泊的向往，缠绕在
明月悬挂的枝条上
在耳边低叫
道声声心事

生命返青的归途里
冬天渴盼
堆雪的燃烧
春天渴盼
催芽的阳光

胡 杨(组诗)

胡杨,又叫三叶树,树的底部长着狭长的柳叶,中间长着圆圆的大杨叶,顶部长着小杨叶,是椭圆的。

俚语说:胡杨有三条命,生长不死一千年,死后不倒一千年,倒后不朽一千年。

一　胡杨,新疆的树

胡杨,长在新疆

“亚心”崇敬的偶像

环准噶尔边沿落户

绕塔里木沙海成林

中亚特有的树种

抗旱固沙的神将

指引生命之源的向导

一棵胡杨,赶走一片荒凉
树的阴影,从沙丘的西搬到东
要用掉一天的阳光
而五月的风,搬迁沙丘
一个时辰就可以办到
一片胡杨,一套天成的音响
树叶在风涛中
把古老的歌儿传扬
沙丘的歌
唱着三种叶子的思想
墨绿,生命的春夏
金黄,阳光的形象
红叶飘飞
“生死两茫茫,
不思量,自难忘”

热爱生活的目光
闪烁季节的感慨
在茫茫沙海上凝望
信念,在酷阳、沙暴
掠走湿润的干渴中坚持
一种颜色,代表一个思想

苦难的命，随着水走
哪里有水，哪里就有胡杨

死后的胡杨，挺立在
流沙簇拥的波浪上
一生难忘的遗憾
深扎在老根，拔不出来
斑驳的树身，举天凝望
不朽的身影仍在抗争
遥指远处的绿洲
展望慈爱生命的悲壮

二 胡杨清苦

贫瘠的浮土里发芽
吮吸一年一度的洪荒
与沙棘、骆驼刺一起长大

沙尘，吹不息心中的风暴
舔着朝霞的清露
迎着夜风的清凉
血痕和泪渍，被漠风刮干了
粗糙的僵枝和干皮
被时光的刀，划得一身伤痕

春夏，把牵挂绿洲的爱
蓬散在三叶上
墨绿不都是浪漫
也有苍凉
秋天，让血液涨潮
憋在金子一样透亮的脸上
希望成为旗帜
一路走一路挥洒
供人们仰望

欲望之火，不会被蛛网尘封
灵魂，随着秋后刺骨的风卷起落叶
在季节告别的舞会上寻找冬天
那颗蕴藏绿意纯洁的心
那个在岁月中挣扎的年轮

三千年起落的繁华与苍凉
落叶潇潇，意难平
只记得以早晨为徽章的日子
只知道欲望的手指
是点枯成绿的嫩枝
幸福和苦难
承载在故土的命运上

除非无奈
生命岂敢与规律对抗

点起一缕炊烟
围着烤馕的篝火
哑着嗓子
把悲怆的曲调拨响
沙暴的怒吼
吼着心脏深处的疼痛
在岁月面前
三千年也短暂
死了也留枯骨硬
绝不栽培苦涩

生命是自己的画板
绝不让别人去着色
沙漠为我苍老
我为绿洲消瘦
枝干,千年都挺着、裂着、抗着
一年一年
春风舔干伤口
拱出生命绿季的柳芽

三　胡杨有志

已经一无所有
还用死
捧着日月星辰的光亮
高贵深长而坚韧的根
扣紧沙地
用荒野的宁静
涵养致远的品质

料定今后还有风雪
举起仅剩的骨头
化作狮虎，长啸旷野
化作鹰隼，搏击云霄
用生前的色彩、激情和韧性
寻找和聆听那三千年的证言

根连着根，手拉着手
能听见当年急促的心跳
等待在墨绿树冠里
青鸟的啾鸣
赞美人生万物的晴朗

树皮皲裂

枯干疤痕累累
风刀霜剑
上千年比试锋刃
站立的魂魄依旧
空气中
依稀有湿润的分子
已经尽力了

风中走过的路
撒种扎根的劳作
有疼、有伤、有爱
抱紧体内的骨和血
抱紧四季的疲乏和困惑
望断天涯

理想，藏在
秋天金碧辉煌的叶子里
想借着爱情的魅力
再次靠近春的绿意
秋叶上红色的斑点
闪着太阳的笑
贴着地面飞

风，把易逝的光和影

吹进沉沉的夜色
很深,很深……

四　胡杨望秋

秋天垂下头
望着一片落地的黄叶
把爱洒在沙洼里
寄托秋阳后的风雪情思
枯干,沙梁上的观察哨
在秋风里盯梢沙尘的移动
抖动北风的急旋和寒意

落叶的心
不再念叨辉煌
按着离别
按住生活压下来的沉
太阳烤干而又摊凉的美丽
漂泊的方向
徘徊在思春的老根旁

仍在手上握着的叶子
还涂着岁月和命运的颜色
藏着秘密变幻的色素

沉淀在阳光里
灵魂的羽翼在秋风里肃立
比雨滴更多的汗滴
随着冬麦的种子一起撒出

无法抑制的悲壮
秋去冬来高空的冷爽
慢慢将天吹凉
脱叶的枝,指着苍鹰的翅膀
心中的帆,驶往信念的彼岸
虽然佝偻,正直是心中的仪容
虽然苍老,善良是终身的佩刀

漠风伴我征战
我是风中的舞者
鲜亮的秋叶
和山果一样吐尽真实
只有红和黄两种颜色
用赤诚点缀
蓝天上的骄阳

阳光下的野花笑着
逆光把她的身影
变成黑色剪影

不移初衷地
守着岁月的风流
短暂的季节
留下的都是美好

羌笛，漫过心界的蔷薇
送去爱的牵挂
飞鸟，带着岁月的情思翱翔
晨念和暮思一样沉重
感觉的瞬间，是光流的永恒
幸福只要落在大地上
灵魂就可以生息休养

岁月是生，也是死
恨不得把秋天的美酒一夜喝光
风吹散落叶，灌醉时间的伤口
领会最为深刻的呼吸
金秋在心中定格
白雪在魂中牵挂
延绵不息的往昔难忘

周涛批注

此诗让人渐入佳境。

帕米尔山鹰(组诗)

鹰　飞

葱岭

三千六百米以上

盘旋豪气冲天,敢与太阳亲密

一个天上的吻

在强劲淋漓的湛蓝里飞翔

拒绝命定的轨迹

飞也惬意,落也惬意

起起落落的日子

认定自己生活的逻辑

骑着雪崩喷吐的炫目光线

飞出山峰裂开的棱缘

围绕慕士塔格冰峰扫描
把春天的白云纷纷牵来

活着，敢于承担飞翔的痛苦
绝不无病呻吟
只想让飞翔来得惊天动地
思念的乡愁在啾鸣里幽长

栖于落日的歌声
把四季的叮咛带给山河
望着冰河泥沙俱下
幻想山峦锦上添花的情景

从晶莹的雪花里
抽出健美的凤蝶和花瓣
信念是一把燃烧的火
点燃无尽的夕阳

帕米尔天空的一朵花
把卡利库利湖的渴望
扔进摇曳蓝色火苗的篝火
高原笑起来
亮起山里幸福的灯盏

鹰　翅

跌宕的大山将山谷隐藏
山谷将鹰翅隐藏
鹰来了
扇起谷地的风掠过苍凉
把眼里的闪电掩藏

一柄磨快的刀
振起就切下
无声地倒下
拖着厚重的历史
拍击山峦的苍凉

理想的高度托在翅膀上
鼓起的抱负像山崖的冷松
抠紧峭壁,迎着风寒
啄着带血的羽毛
我行我素

骄傲的生灵,不总是孤军作战
与雪豹为邻,雪线上狩猎
与雪莲相依,花开在天上
如忍寒耐旱的沙棘

咬住挫折
展放深爱

一声鹰笛,便传来铁翅的啸响
人字黑点,在山崖边缘盘旋,
衔动雪莲,深爱衬映远山雪影
令卡利库利湖眼睛一亮
湖心长出一双翅膀

鹰　眼

因为看得清天高地阔
所以眼里噙含无尽沧桑
蓝绿的眼珠,深邃、冷峻
蕴涵冰川的思想

因为可以丈量山峦和云层
所以瞳仁里的黄色复眼
时常转动高原的起伏
散漫风云的魂魄

俯瞰崎岖蜿蜒的山路
看见任何一个小动物
眼里就有了笑容

这是翅膀的表情

执意要用风刃
削薄自己的速度
飞掠温暖的绿地草原
托起一片一片阳光
放牧欢跑的黄羊

喜欢在峭壁远眺
舔食太阳的光焰
亮眼看风云
掀动冰川古老的风暴

扑扇几下
谷地就被暮雾的夕光拉下
一声啾鸣
舌音卷出激越高亢的
《帕米尔之春》

鹰 爪

紧抠峭壁
摆出个性化的姿势
一耸肩
一块石头晃动了一下

巢穴前的孤石为之一振

雨水时节,鹰化鸠的成长
怎样选择肉体和心灵间的格斗
猎狐狸,捕鼬鼠
爪,由黄变灰,铁灰透青

把四季的风云揽入翅中
俯冲的雄姿,像冷冻的刀
欲撕碎闪电,掀开灰云
抓出蓝天白云

扑扇着向雪峰飞去
从山的斜角掠过
投入逆光中
荡起湛蓝的微澜

呼风唤雨的苍鹰
心,忠诚不渝
护卫绿草地的安宁
微风中轻轻颔首

梦境留在鹰巢里

铁爪和心一起跳动

离太阳最近

沙枣林，藏着记忆的阳光

一

心中的辽阔
任由抗碱斗争的摔打
荣辱不惊
心中的永恒
在治沙的信念里扎寨
戏虐苍凉

活着，用一生
最温暖的情感
最坚韧的力量
生长破解戈壁的绿
筑起抵挡荒漠的墙

任沙暴肆虐
任酷阳毒照
苦斗碱害沙砾
带霜的沉思
跟着夜空的太白星斗走
探求越冬的道路

二
金色的种果,带着沙的涩味
坚定而准确地跟着秋阳走
扎进土地,储存太阳的热量

沧桑到极致的颜色
欲把无际的黄沙
涂染成鲜活的色彩

花可以落尽,不落的是
心中的辉煌——
仰望日出的方向

三
贫瘠的生存
煎熬着寒冷
煎熬着渴盼

学会了在霜冻里蓄取阳光
学会了在干燥里吮吸雨露

以感恩的心情
迎接春天,果仁里
藏着一个想象的天空
用一颗枣的光芒抒情
根一扎下去
决不自拔

四

相信种子播下就有成果
艰涩的生活
常被碱土的毒击倒
常在戈壁的热浪中昏迷

站在奋斗的前线
呼吁希望的水流
随风而至
长出绿色的轰鸣

简单的日子
和阳光一样透明

夕阳每沉下一次
就藏起一天深刻的光泽

播下与土地缔结的情谊
播下心灵的春意
勃起的芽叶
在沙枣林里做梦

五

花,开时不起眼
一嘟噜,一嘟噜
像婚庆的鞭炮
挂在泛青的树刺上

一亮相
就发出喧宾夺主的奇香
用香的声音告慰天地
放飞小满时节的芬芳

初约的诺言
宁静坦然
把守的是
怎样的梦想?

沙尘可以吹乱蓬松的头发
却吹不走永远不变的念想
碱滩地臣服于开荒的意志
——一颗铆钉的心

六

外表和内心一样
长满了皱纹
皲裂皮，嶙峋刺
刺向追求享受的乌鸦

血汗的誓言，不喜欢命
命是失败找的借口
不放过任何可能的成功
只盯紧机遇中的运

分解根下的碱土
爱和生命种植在一起
幼嫩的叶芽
懂得躲过刀
展开自己

七

有多少刻骨的坚持
就有多少痛心的放弃
消瘦的青春
寒风中
剩下的粗糙全是坚韧

凝望它
有一种宿命的晕眩
只有它
茫茫荒漠中
穿着淡绿的裙子
如云似水
打湿我的眼睛

八

脱落的叶片
和雪花的追求一样
落在地面的希冀
点燃心中的火

默默记住
改良土壤的答案
梦想把贫瘠的沙

变成神奇的果

让季节的风景
经受内心的拷问
守住治碱的秘密

柔肠千转的身姿
在岁月的风里起舞
张开叶片的耳朵
倾听四面八方的密语

希望洪水
传来声音
即使是三言两语
也是天籁梵音

九

一无所想
站在远方
遥望白杨

只想到绿洲
想到云里的氤氲

想到露珠的晶莹

看见一掠而过的家雀
就想起鹰
天空唯一的盘旋者

藏在体内的见识
容纳惊风狂云
更容纳阳光的沉静
雨水的喧哗

吸水的根须
默默接受着
沉甸甸的汗滴
讥笑被风扬起的尘沙

生命的微笑
喷出披荆斩棘的芬芳
繁星满天的夜梦
融进黄沙的意象

一颗种子的心愿

只求洞穿
浅层的蒙蔽和诱惑
不足以打动
渴望阳光的内心
被埋没
虽然孤独
阻止不了原始的冲动
喜欢想象
只要秋田有犁望
就把春的愿望种下

把关于生活的所有美丽片段
放在湿润的土里发酵

不逃避昏暗险恶的事实
坚持破土
扯出爱的旗帜
只求生长
向往有色彩的生活
让润土里的水刀割开皮肤
砍断黑重枷锁

只要拱出地面
就扑向风雨
献上雷电铸就的赤诚
用生命报答养育之恩
刮起遍地绿风
珍惜一生
只有一次的破土机会
这修行得来的善果
令我满足

只要光阴破碎黑暗
就决不再躲进灰尘里
拼命赶走头上的死神
轻轻触摸
破壳的伤痕
痛苦的呐喊

已经走远
伸出七彩的翅膀
真情告别孤寂的日子

会开什么样的花
能长出多么浓的绿
从不管它
默默在重压下
伸张自己的根
矢志不渝地追赶春风
只要赋予我绿色基因
我就长出一片草地
因为生——
贵在坚持

只要给我注入血
我就坚持隐忍
咬破血管
染红桃杏的花瓣
站在泥土里
坚持等待云层下的雨水
沐雨露、浴阳光
开百花、结千穗

让红花绿叶

用感恩的语言

呼唤芳香弥漫大地

呼唤硕果结满枝头

给妈妈打电话(小叙事诗)

2007年1月5日,新疆公安机关在搜捕帕米尔山区“东伊运”一处恐怖训练营地中,遇到恐怖分子武装反抗,公安民警奋勇围捕,击毙恐怖分子18名,捕获17名。战斗中,公安民警一人牺牲,一人负伤。牺牲的这名民警临终前说:“别管我,继续战斗!记着,给我妈妈打个电话。”

——题记

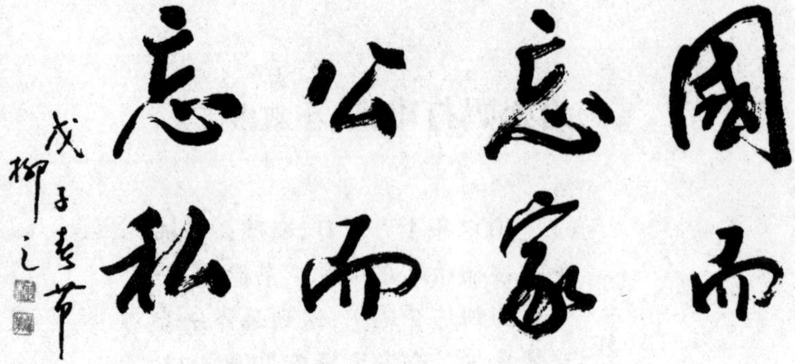
國而忘家
公而忘私
戊子春节
柳之

搜捕，走进葱岭

搜捕，走进葱岭
峡谷，变幻着
一条难以折回的路
一队背枪的身影
跟随微弱的阳光
走进深处

戎装裹满战尘
拉满的弓
把一个个淬过火的箭镞
射向前方
脚步踩动山谷
传来飘雪降落的声音

疾行的汗珠

一滴比一滴艰辛

峡谷兜住的寒冷

比风雪更寒冷

好想给妈妈打个电话

出发前的记忆、牵挂
和刚买的手机揣在一起
好想给妈妈打个电话
任务急，没来得及向妈妈道别
没来得及看望病床上的妈妈

尽管山路吃掉了饥饿
尽管脚泡聚满了艰险
还是好想给妈妈打个电话
越过陡坡叠崖的每一次激动
都攀升着战斗的兴奋
攀爬的每一个裂缝、凹陷
都咧开嘴

诉说忠孝的回答

背倚巨岩
缓缓举起水壶
妈妈的叮咛响在耳边
撑起倒背的枪
一支反恐的枪
直指霄汉
生命系在
怒发冲冠的枪刺上

恶风肆虐

“嘭！”手雷炸响
恐怖分子的凶狠
和严冬一样残酷
呼啸的弹片
撕得空气发烫
疯狂的子弹
随着山石滚落
卷起恶风

笑饮鼬鼠血

葱岭上，十面埋伏
山，一点儿也不像
像激动的风
奔跑时的耸肩冲锋
从未想过回头当战士
便要一辈子战斗
坡崖巨石后喊话
正义的声音
令太阳颤动

防暴服上的那片藏蓝
不容污尘沾染
影子不厌其烦地重复着射击
金属般穿插在

恐慌的敌人中间

一道道藏蓝的闪电
从悬崖上翻腾上来
横在敌人眼前
子弹射向山顶
划开寒冻的土层
围歼的行动
拽着浓烈的硝烟
以狙击的姿态点名
一个、两个、三个
子弹贯穿敌人的头骨
芨芨草激动着
笑饮鼬鼠污黑的血

儿子真切的呼唤

举着双手爬出来
降者,一个接着一个
欢呼举起胜利时
被弹片咬破的大腿动脉
感觉到一阵剧痛

鲜血,浸红了白雪
已经站不起来
笑着给战友说
“给妈妈打个电话,
我击毙了三个敌人!”

儿子的呼唤如此真切
如此直白

滴血的纱布
浸染着黄昏

灵魂的磨难没有痛苦
胜利的喜悦引出思念
妈妈远方的牵挂中
儿子正经受着生与死的考验

战旗激动如花

一道电波降落在战斗前线
英雄的战士
荣立了一等功
荣誉染红了渐渐泛白的脸
鲜血令灵魂激奋
流出两条细长的河水
战旗激动如花

无法删去的情节

“队长,下山后
一定要给妈妈打电话。”
妈妈的希望
和枪的理想一样
战斗的荣誉里,有妈妈的爱
生命的悲歌中,有儿子的人生界定

火药味仍然很浓的枪管
把深刻的思想
横在心头
这是生命无法删去的情节

尽忠就是尽孝

飘雪中,大片大片的情感
装进一对枪搭起的担架里
山风很冷,雪是热的
流淌的血要变成火
扑灭瞳孔里的黑暗
时光的碎片
切开战士真诚的笑容

打电话!
快点下山打电话!
电话里也能听见
家乡下雪的声音
雪很洁白,很纯真
妈妈可以叫孩子们

用雪堆砌我的模样

打电话！
可以看到妈妈的微笑
妈妈声音里金属般的品质
总是那句话
“尽忠就是尽孝，不要牵挂！”
思念本身就是生活
勇敢是战士的气魄
打响的战斗
不能把没有打完的狼只留给枪
不能把捍卫的旗帜只留给风

下山常比上山难

大雪的去处
一行行艰难的脚印
抠紧渗水的巉岩
慢慢着落
下山要比上山难
层层叠加山峦的挤压
把绳索滑降的汗
滴在呼吸渐渐微弱的
脸上

痛楚的爱

兄弟,不要睡着
不要闭眼
下了山就给妈妈打电话
我们痛楚的爱
厚厚地盖住你的伤口
兄弟,坚持住
我们不累,枪杆抬动的路
已经不远了
你要忍住疼
我们的泪却忍不住

眷恋凝结的梦

不要管我，你们去战斗
给妈妈打电话，不要难过
我不畏惧死亡

生，让妈妈赋予我的灵魂鲜活
永不改变做人的诚信
永不改变品格的正直

母爱，伴我一生成长
让我的精神拥有无私的大爱
让我的躯体拥有团队的力量

我死了，也会长眠似的醒着
请把我葬在泥土里
让忠诚生长鲜花和青草

不要惊动我
让我的爱恋寻找生命的河
寻找它流过的昼夜
寻找它滋润过的山岗、草原、绿地
寻找它被岁月带走的
一去不复返

我还喜欢做战斗的梦
虽然总是瞬间的再现
我仍要无数次靠近它
决不远离

沿着子弹射出的轨迹
我要把生命塑造成一支枪
用血,这个世上最简单的兵器
剖开和平的含义
让和谐的欲望奔涌

不经过生死的考验
算什么男子汉
不经过战斗的洗礼
哪能有视死如归的慷慨?

尾声

魂,仍徘徊在葱岭搜捕
热血滴在寒雪上的花
保留着勇敢
保留着忠诚

心,仍有牵挂
被血灼伤的时间
凝固成夕阳的火红
在云端给妈妈打个电话
飘着永不消逝的
呼唤

图书在版编目（C I P）数据

至上的警徽 / 柳耀华著. —北京：群众出版社，2009.8

ISBN 978-7-5014-4490-8

Ⅰ. 至… Ⅱ. 柳… Ⅲ. 诗歌—作品集—中国—当代
Ⅳ. I227

中国版本图书馆 CIP 数据核字（2009）第 086688 号

至上的警徽

著　　者/ 柳耀华
书法作品/ 柳耀华
策　　划/ 张　曙
责任编辑/ 筱　谢
装帧设计/ 王陆闻

出版发行/ 群众出版社　电话：（010）52173000 转
社　　址/ 北京市丰台区方庄芳星园三区 15 号楼
网　　址/ www.qzcbs.com
信　　箱/ qzs@qzcbs.com
经　　销/ 新华书店
印　　刷/ 北京蓝空印刷厂

787×1092 毫米　16 开　19 印张　350 千字　插页 3
2009 年 8 月第 1 版　2009 年 8 月第 1 次印刷

ISBN 978-7-5014-4490-8 / I·1857　定价: 36.00 元